最新研究でここまでわかった

天皇家通説のウソ

日本史の謎検証委員会 編

彩図社

はじめに

2019年10月22日、皇居にて新天皇の即位を宣言する即位礼正殿の儀《そくいれいせいでんのぎ》が執り行われた。そして翌年5月に平成の天皇は退位し、新天皇が即位して令和の時代になった。

在世中の天皇が退位するのは、実に約200年ぶりの出来事である。この生前退位をきっかけに、天皇の地位や歴史に関心を深めたという人は、少なくないだろう。

戦前には、天皇家は初代神武《じんむ》天皇から数えるのが常識で、2600年以上続く世界最長の王家とされていた。神武天皇から数えれば、今上《きんじょう》天皇は第126代目だ。

だが、天皇家をめぐる常識は戦後に大きく変化し、現在でも新しい解釈が次々と提示されている。周知のように神武天皇は実在が疑問視されるようになり、「万世一系《ばんせいいっけい》」と称される系譜にも、疑いの目が向けられるようになっている。天皇の祖先がトップを務めた大和朝廷にしても、実態は豪族の連合政権だったことが明らかになり、現在では「ヤマト王権」と呼ばれている。

また、平安時代は藤原摂関家《せっかんけ》が朝廷を牛耳ったとされてきたが、実際には天皇との合議で政権が運営されたことがわかっている。さらに、武家の台頭により政治的実権を失ったとされる鎌倉時代以後も、天皇は幕府が無視できないほどの権威を保っていた。

こうした最新の研究成果を元に、天皇と皇室にまつわる新常識を紹介しているのが、本書である。第一章では、天皇が歴史上関わってきた事件をテーマにした。6世紀末に起きた崇峻《すしゅん》天皇暗殺事件の真相や、奈良時代に上皇と天皇が対立した「薬子《くすこ》の変」の首謀者、朝廷が武家に屈服した「承久《じょうきゅう》の乱」をめぐる天皇の動きなど、これまで明らかになった新事実をまとめている。第二章は平城京遷都《せんと》の理由や、足利尊氏による北朝《ほくちょう》の擁立の理由、戦国武将から朝廷が尊ばれていた背景など、政治に関する諸説を紹介。第三章では即位の礼、女性天皇が即位した背景、崇徳《すとく》天皇の出生疑惑など、即位・儀礼について述べている。最後の第四章では仏教伝来、王朝交替説、南北朝の合一といった文化・制度についての新常識を記した。

各項目には、歴史常識がどれだけ変化したかがわかるよう、「通説」部分でこれまでの常識を、「真相」部分で新しい常識や注目されている解釈を紹介している。一読していただければ、天皇家の歴史をめぐる解釈が、いかに変化したかがわかるはずだ。

新たな天皇陛下を迎え、元号が令和に変わった現在。本書が天皇家に興味を抱くきっかけになることを、切に願いたい。

最新研究でここまでわかった
天皇家　通説のウソ

目次

第一章　事件にまつわるウソ

第二章　政治にまつわるウソ

第三章　即位・儀礼にまつわるウソ

第四章　文化・制度にまつわるウソ

※年は西暦で表記し、月日は和暦に基づき表記しています。明治5年以前は西暦と和暦とで約1カ月の違いがありますが、年月はすべて和暦をもとにしております。例、天正14年12月1日は西暦換算だと1587年1月9日だが、1586年12月1日と表記。

東京にやってきた明治天皇を描いた図。天皇は左ページに映る輿に乗っている。フランスの新聞雑誌が1869年に報じた。天皇が関東の地を踏むのは史上初の出来事で、日本史上の大事件だった。

第一章

事件にまつわるウソ

01

崇峻天皇が蘇我馬子の差し金で暗殺されたというのはウソ

通説

歴代天皇のなかで唯一、臣下による暗殺で命を落とした人物。それが崇峻《すしゅん》天皇である。崇峻天皇は、朝廷最大の実力者である蘇我馬子《そがのうまこ》の後ろ盾を得て即位した。政治の実権を持たない形ばかりのトップであり、天皇は不満を募らせた。両者の確執は深まっていき、ついには大事件が起こってしまう。馬子が自分の息のかかった東漢直駒《やまとのあやのあたいこま》を使い、崇峻天皇を殺害したのである。馬子が天皇を上回る、政治的権力の非常に強い存在だったことがわかる。

崇峻天皇暗殺を命じた蘇我馬子（右から２番目）（「絹本著色聖徳太子勝鬘経講讃図」『日本国宝全集』 国会図書館所蔵）

真相

天皇殺害という大事件であるにもかかわらず、朝廷は混乱をきたしていない。その理由は、事件は馬子個人が起こしたのではなく、**豪族たちによるクーデターだった**からだと考えられる。

飛鳥時代の権力抗争

崇峻天皇殺害事件は、蘇我馬子への権力集中を示す出来事として、語られることが多い。

馬子は用明《ようめい》天皇死後、朝廷を二分する内乱を経てライバルである物部《もののべ》氏を滅ぼし、その勢いで崇峻天皇を即位させた。馬子からすれば、崇峻天皇は傀儡《かいらい》でしかなく、政治の実権を握らせるつもりなどなかった。

そんな状況に、崇峻天皇は不満を募らせていく。ある日、献上されたイノシシの死体を見て、「いつかこのイノシシのように、自分が憎い相手の首を斬り落としたいものだ」と口走った。これを耳にした馬子は身の危険を感じ、儀式の席で、部下に天皇を弑逆《しいぎゃく》させたと『日本書紀』は伝える。

『日本書紀』の記述をそのまま受けとれば、馬子は天皇殺害という未曾有《みぞう》の事件を起こしたことになるが、現在ではこの説に異論が唱えられている。天皇殺害に関わったのは馬子だけでなく、他の有力豪族たちも含まれると言われているのだ。

というのも、**天皇殺害という大事件が起きたにもかかわらず、その後の政局に大きな混乱は生じていない**。常識的に考えてみれば不自然である。そこで注目されたのが、豪族らによるクーデター説というわけだ。

そもそも崇峻天皇は、権力基盤が弱かった。欽明《きんめい》天皇の血を引いているものの、母親は馬子の妹である。当時は母親が有力者の娘であっても、皇族ほどは評価されていなかった。

先代の用明天皇も母は馬子の妹だが、皇后《こうごう》が欽明天皇の皇女である穴穂部間人皇女《あなほべのはしひとのひめみこ》だったことが、皇位継承のうえで大きな意味を持っていた。皇后は、馬子の時代から100年以上経つまで、皇族からしか選ばれない称号だった。その理由は、皇后が単に「最高位の身分をもった天皇の配偶者」ではなく、「天皇のもっとも身近なサポート役」として、権力を有していたからだ。蘇我氏が権力を有していたのも、この穴穂部間人のバックについていたからである（穴穂部間人の母は蘇我氏）。

皇后が権力を有した背景には、**天皇の即位が豪族たちの合議によって決められていた**という事情

奈良県桜井市に位置する崇峻天皇陵（©Takanuka）

がある。皇子は皆、天皇の血を引いているという点で変わりがない。しかし、その母親や妻の場合、出自は多様である。そのなかでもっとも評価されたのは、天皇の血を引き、皇后になる資格を持つ女性だった。というより、「天皇の血を引いている」というお墨付きがなければ、豪族たちを納得させることは難しかった。

それでも崇峻天皇が誕生したのは、もともと推古天皇の息子・竹田《たけだの》皇子が成人するまでの中継ぎだったからだという説がある。しかし、竹田皇子は早くに没したことで、崇峻天皇が中継ぎの立場から脱却することになる。

群臣らによって、この状況は危険に映ったのだろう。崇峻天皇の即位翌年には隋が大陸を統一し、巨大な国が出現していた。警戒感を強めた朝廷は、北九州に軍を派遣している。国内においても、蘇我氏に敵対する勢力がいまだにくすぶり続けていた。**この内憂外患に対処できないとして、崇峻天皇は殺された**と考えられる。

02

蘇我氏の専横を見かねて中大兄皇子が乙巳の変を起こしたというのはウソ

通説

ヤマト王権随一の権力者である蘇我入鹿《そがのいるか》が殺害された「乙巳《いっし》の変」。このクーデターを計画したのが、中大兄皇子《なかのおおえのみこ》である。蘇我氏の専横を見かねた皇子は中臣鎌足《なかとみのかまたり》と結託し、宮中で蘇我入鹿を暗殺。父親の蝦夷《えみし》も自害に追い込んで、蘇我宗家を滅ぼした。こうした計画で朝廷から蘇我氏の影響は一掃され、「大化《たいか》の改新」と呼ばれる改革が成されたのである。

暗殺される蘇我入鹿（「国史画帖大和桜」国会図書館所蔵）

真相

蘇我氏の専横を見かねて中大兄皇子と中臣鎌足がクーデターを起こしたという通説は、すでに否定されている。**『日本書紀』は鎌足の子・藤原不比等《ふひと》が編纂《へんさん》に関わっており、父の正当性を主張するために、蘇我氏を悪しざまに描いたという見方が大勢を占めている。**

入鹿暗殺事件の真相

かつての歴史教科書では、蘇我入鹿が中大兄皇子一派に暗殺された事件を「大化の改新」と記していた。だが、この解釈は現在では通用しない。大化の改新は蘇我氏殺害後に行われたとされる各種の改革を指すことになっており、暗殺事件の名称は「乙巳の変」と改められている。

改められたのは呼び方だけではない。乙巳の変は蘇我氏の専横に危機感を抱いた中大兄皇子が中臣鎌足と協力し、入鹿・蝦夷親子を滅ぼしたとされてきた。

しかし近年では、こうした「蘇我氏悪玉説」は誤りだという考えが、支持を集めるようになっている。蘇我氏の横暴を記す史料は『日本書紀』しかないが、これはクーデターに参加した中臣鎌足の子・藤原不比等が編纂に関わった書物である。おそらく不比等は、乙巳の変の正当性を主張するために、蘇我氏を悪しざまに描かせたのだろう。蘇我氏の専横を伝える記述は中国の書籍でよく使われる修飾が多く、それらを取り除くと必ずしも悪人だとは言い切れないのだ。

入鹿に関する評価は、760年に成立した藤原氏の伝記『藤氏家伝《とうしかでん》』にも見える。こちらも藤原氏による書物で、「暴虐な人物だった」と描く箇所もあるが、『日本書紀』ほど入鹿は悪人として描かれていない。むしろ**礼儀正しく真面目で、優秀な人物としても描かれている**ぐらいだ。

これについて、鎌足自身が入鹿を優秀な人物だと認めていたからこそ、悪しざまに描くだけではなく、一定の評価を下しているのではと考える研究者もいる。この評価が正しければ、暴走する蘇我氏へ対抗するために乙巳の変が起きたという通説は、成り立たなくなる。

それでは、専横が原因でないのなら、なぜ入鹿は殺されたのだろうか？　それはおそらく、鎌足が目指した政治体制と蘇我氏の政治体制が、異なっていたからである。

この時期は大国・唐の成立を受け、朝鮮半島や日本では、中央集権化が図られていた。このとき蘇我氏がとっていたのが、傀儡《かいらい》となる天皇をたてて、その裏で蘇我氏に権力を集中させる統治法である。

蘇我入鹿の首塚と伝わる石塔。近辺から入鹿邸と思しき遺構が見つかっている

対する鎌足が目指したのは、官僚制を基にした中央集権体制だ。有力な皇族のもとに豪族が政務を補佐する統治法である。鎌足はこの思惑を実現すべく中大兄をはじめとした仲間を募っている。つまり**蘇我氏が殺されたのは、主導権争いの一環だった**と考えられるのである。

その他には、「壬申《じんしん》の乱」で政権を奪取した天武天皇が、兄である天智《てんじ》天皇（中大兄皇子）を貶《おとし》めるために「蘇我氏の暗殺者」というレッテルは貼ったとする説もある。解釈をめぐって、いまだに決着はついていないものの、何らかの政治的意図があったのは確かだろう。

なお、乙巳の変後に中大兄皇子らが主導して、「大化の改新」と呼ばれる改革が行われたとされてきたが、実際はもっと後の時代に実行された制度で、「改新の詔《みことのり》」は後世の創作と考えられている。この新説に基づき、改革が創作または研究中であることを記す教科書も、最近では増えている。

03

雄略天皇と武烈天皇が残虐な暴君だったというのはウソ

通説

雄略《ゆうりゃく》天皇と武烈《ぶれつ》天皇は歴代天皇のなかで、最悪の暴君である。『日本書紀』は両天皇の横暴について記しており、気に入らない臣下を斬殺したり、妊婦の腹を裂いて胎児を抉《えぐ》り出すなど、残忍な人物として描いている。特に武烈天皇は「一も善を修めなかった」と書かれるほどの酷評ぶりで、権力を笠に着て好き勝手な振る舞いをした悪人として、恐れられていた。

猪を狩る雄略天皇（安達吟光「教育十二支画報」）

真相

『日本書紀』は天皇の死から数百年後に書かれたもので、信憑性が低い記述もある。**残忍な記述は中国の書籍を参考にしたり、日本古来の罪の価値観に基づいたりしていることが明らかになっている。**

天皇は本当に暴君だったのか

現在の天皇は憲法によって国民の象徴と定められ、政治に直接参加することはない。だが、古代のヤマト王権では共同体のリーダーとして、天皇自ら政治を主導することもあった。『日本書紀』に治水や外交で国を豊かにしたと記されている、仁徳《にんとく》天皇がその一例だ。

一方で、『日本書紀』には悪政によって民衆を苦しめた暴君として描かれる天皇もいる。雄略天皇と武烈天皇である。

雄略天皇は、通りがかりに見かけた家を「天皇の宮殿のような家を建てるとは不敬だ」として焼き払おうとした他、他の男と結婚した女性をその男もろとも焼き殺すこともあったと伝わる。その横暴ぶりから、古代の人々は「大悪天皇」と呼んだとされる。

武烈天皇は、この雄略天皇よりはるかに恐ろしい。妊婦の腹を裂いて胎児を取り出す、爪を剥《は》いだ手で芋を掘らせる、頭髪を根こそぎ抜いてから木に登らせ、その途中で幹を切り倒して落下死する姿を楽しむなど、非道な行いを繰り返したとされる。後宮《こうきゅう》の女性たちと毎夜酒に溺れ、ときには馬の交尾を女性に見せて、潤った者は殺し、潤っていない者は官婢《かんび》としたという。天皇家の正当性を重視するはずの『日本書紀』でここまでひどく描かれるのは、この二人ぐらいである。

とはいえ、このような残酷な話は史実ではなく、創作の可能性が高い。**『日本書紀』は両天皇がいた時代より200年以上も後に編纂《へんさん》された書物**である。もちろん、だからといってすべてが信用できないとは言い切れないが、少なくとも両天皇の残虐な記述に関しては、信憑性は乏しい。

武烈天皇の残虐な記述は、中国の書籍を参考にしている可能性が高い。妊婦の腹を割く話は『呂《りょ》氏春秋《ししゅんじゅう》』に、遊興にふけった話は『古列女伝《これつじょでん》』などに見える。そうした記述を参考に、武烈天皇のイメージがつくられたのではと指摘されている。

では、記述が創作されたのなら、その意図はなにか？　それは、武烈天皇に次いで即位した、**継《けい》体《たい》天皇の正当性を示すため**だと思われる。

奈良県香芝市にある武烈天皇陵

『日本書紀』が編纂されたときの天皇は継体天皇にルーツを持っており、血統の正当性を示すために、前代の武烈天皇や雄略天皇を否定する必要があった。『日本書紀』には両天皇を称《たた》える記述から一変して残虐な描写が続くが、そうしたちぐはぐな記述が生まれたのは、天皇を称える史料に、編纂者が残虐な描写を付け加えたからだと言われている（角林文雄「武烈～欽明期の再検討」）。

雄略天皇の描写よりも武烈天皇の描写がひどいのは、前代である**武烈天皇が非道であればあるほど、継体天皇の正当性を主張できる**と編纂者たちが判断したからだろう。それに武烈天皇は実在したか怪しまれているぐらいだから、悪しざまに記述しても創作上の人物だから誰からも非難を受けないという判断があったのかもしれない。

現体制を正当化するため暴君を生み出したとしたら、それはそれで恐ろしいことではあるが。

04

聖武天皇が遷都を繰り返したのは藤原広嗣の乱のせいというのはウソ

通説

聖武《しょうむ》天皇は、廷臣《ていしん》が反乱を起こすのではないかと不安に駆られ、遷都《せんと》を繰り返した。きっかけは、藤原広嗣《ひろつぐ》による反乱である。740年、度重なる天変地異の原因が政治の乱れにあると思った広嗣は、挙兵の準備を進めた。朝廷側が機先を制したために広嗣の軍勢は敗れたが、この出来事に聖武天皇はショックを受け、戦いの途中で東国行幸《ぎょうこう》に旅立ってしまう。そして戦いが終結すると、幾度も遷都を行ったのである。

仏教の力で国の安定化を目指した聖武天皇（「聖武天皇像（模本）」東京国立博物館所蔵／出典：ColBase）

真相

東国行幸は反乱前から計画されており、広嗣の挙兵とは関係がない。行幸が実施されたのは、単に反乱鎮圧の目途が立ったためである。

遷都の目的ははっきりとはわかっていないものの、現在では、反乱への恐怖によるのではないと考える説が有力だ。荒廃した平城京の浄化や豪族間の政治対立など、さまざまな仮説が立てられている。

都を何度も変更した真意

聖武天皇は、東大寺の大仏造営を主導した天皇として知られている。仏教の力で国や朝廷の安泰を祈ろうと考えた聖武天皇は、中国大陸から仏教文化を積極的に受け入れたのだ。日本史の授業で聞いた記憶がある方もいるだろう。なかには、都を幾度も変更するという、風変わりな行動が記憶に残っている方もいるかもしれない。

聖武天皇は、**5年の間に4度も遷都《うつ》を行っている**。740年に平城京から恭仁宮《くにのみや》（現京都府木津川市加茂）へと遷《うつ》り、紫香楽宮《しがらきのみや》（現滋賀県甲賀市信楽町）、難波宮《なにわのみや》（現大阪市）と次々に都を変更してから、745年に平城京へと戻った。宮殿などが新築・移設されるので、国庫への負担は大きかったに違いない。

これほど遷都を繰り返したのは、「藤原広嗣の乱」への恐怖が原因だとされてきた。

朝廷は、現在の北九州市にある板櫃川《いたびつがわ》付近で大宰少弐《だざいのしょうに》の藤原広嗣の軍と激突し、戦いに勝利した。しかし、戦勝の報告が届くより前に、聖武天皇は突如、関東行幸への出発を決めている。それから伊勢国や美濃国を経て琵琶湖を南に下り、恭仁宮へと向かって計4度の遷都を行ったのだ。

この関東行幸をめぐって、かつては広嗣への恐怖から実施されたと考えられていたが、現在では否定されている。というのも、**関東行幸は反乱勃発前に計画されており、広嗣軍の決起で延期されていた。それが討伐軍優勢となったことで決行されたというのが真相のようだ**。

ただし、聖武天皇がなぜ何回も都を変更したかは不明であり、現在もさまざまな説がある。広嗣の反乱が朝廷を動揺させ、聖武天皇に遷都を決断させる一因になった可能性は、十分考えられる。

現在唱えられている説としては、「朝廷政争説」がある。朝廷内では藤原氏や皇族、貴族の対立が頻繁に起きていた。それに危機感を抱いた天皇が平城京を捨てたという説だ。その他には、唐の

朝廷に反乱を起こした藤原広嗣（菊池容斎「前賢故実」国会図書館所蔵）

複都制をまねて複数の首都を置こうとしたという説や、行幸のルートが壬申《じんしん》の乱における天武天皇の進軍路と似ていることから、壬申の乱を再現して天皇の権威復興をアピールしようとしたとする説もある。

このように、数多くの説が唱えられているが、そのなかで有力なのは、**国土の復興説**である。

反乱前後の平城京は疫病の傷跡が色濃く残り、河川も人骨が散乱するほどの惨状だったという。そんな穢《けが》れが蔓延する都から離れ、新しい都で心機一転しようとしたのではないかという説である。**奈良時代初期より離宮が置かれ、『万葉集』で山川の清浄さが絶賛された恭仁宮は、まさに国の穢れを浄化するのに最適な地**であった。

この説では、なぜ造営途中で紫香楽宮や難波宮に遷都したのかは説明できないが、相次ぐ戦乱や政争、自然災害に直面して迷いを抱いたことで、聖武天皇は都を転々とするようになったのかもしれない。

05

藤原薬子が平城上皇をそそのかして薬子の変が起こったというのはウソ

通説

810年、平城《へいぜい》上皇と嵯峨《さが》天皇による対立は、藤原薬子《くすこ》の陰謀で深刻な事態を迎える。平城上皇の妾だった薬子は兄と謀《はか》り、上皇を再び即位させて権力を強化しようとした。平城上皇はこれに応じたが、嵯峨天皇に先手を打たれて失敗。上皇は僧となり、薬子は服毒自殺した。これが「薬子の変」のいきさつである。こうして薬子の陰謀は、嵯峨天皇の妨害で失敗に終わったのだった。

平城上皇と対立した嵯峨天皇（「嵯峨天皇御影（模本）」東京国立博物館所蔵／出典：ColBase）

真相

再即位を主導したのは藤原薬子らではなく、平城上皇本人だった。薬子の影響力が限定的だったことから「薬子の変」という名称は見直され、現在では「平城《へいぜい》太上天皇《だいじょうてんのう》の変」と呼ばれることが多い。

復権を狙った上皇と天皇の抗争

「平穏なる世の中」を表す「平安」の字とは裏腹に、平安時代は朝廷内の争いが絶えない時代だった。貴族や皇族が権力争いを繰り広げただけでなく、天皇と上皇との間で大規模な政争が起きたこともある。その政争が「薬子の変」だ。

８０９年４月、病を患った平城天皇は皇位を嵯峨天皇に譲り、平安京から旧平城京へと移住した。ところが、病状が回復してしばらくすると重祚《ちょうそ》（譲位後に再び天皇位につくこと）を企み、嵯峨天皇の政策に口出しするようになる。この状況を貴族たちは「二所朝廷」と呼んだ。

そんな緊張した情勢のなか、平城上皇が旧平城京への遷都を平安京の貴族に命じた。すると、激怒した嵯峨天皇はただちに軍を派遣して、上皇に味方する貴族を次々に捕縛。観念した平城上皇は出家をし、薬子の変は嵯峨天皇の勝利に終わった。

この一連の騒動の黒幕と考えられてきたのが、藤原薬子とその兄仲成《なかなり》である。

薬子は皇后の母だったが上皇の寵愛を受け、皇室と臣下らを取り次ぐ尚侍《ないしのかみ》に昇進していた。『日《に》本後紀《ほんこうき》』には、平城上皇が旧平城京に退いたことで権力の座を追われるのではないかと薬子が恐れ、上皇に皇位簒奪《さんだつ》を促したと記されている。この記述に基づき、薬子らが事件の首謀者だったと考えるのが通説だった。

この状況が変化し始めたのが、１９７０年代半ば頃からである。この頃より、事件は平城上皇が主導し、藤原兄妹はその協力者として位置付けられるようになっていったのだ。

歴史学者の橋本義彦は『日本後紀』を研究して、平城上皇は薬子らの操り人形ではなく、自らの意思で嵯峨天皇と対立したと主張した。嵯峨天皇が争いに勝利したものの、**上皇を罪人とするのはさすがにはばかられたため、薬子とその兄に責任の大部分を丸投げした**というのが、現在では新しい通説となっている。薬子の変という名称も見直され、高校の日本史教科書などでは「平城太上天

平城京跡地。奥には復元された朱雀門が見える。平城上皇はここで嵯峨天皇と対立した

皇の変」と書かれるようになっている。

ただし、薬子らがまったく関与していなかったかといえばそうではなく、むしろ兄妹の動きと事件の関与を見直す主張も、近年では提示されている。

薬子と仲成は、平城京から長岡京への遷都の陣頭指揮をとった、**藤原種継《たねつぐ》の子**である。桓武天皇の信任を得て長岡京の造営を進めている途中、ライバルに暗殺された不運の人物だ。その後、事件に関与したとして皇族の早《さわ》良《ら》親王らが処罰されたが、不祥事が相次いだことで長岡京は縁起が悪いと問題視され、遷都は中断された。

こうした事件は『続日本紀《しょくにほんぎ》』に記録されていたが、不吉に感じたのだろう、桓武天皇によってその記述は削除されてしまったとの説もある。そこで薬子らは父の記録を残すことを強く望み、削除された記述を復活させたのだ。**平城上皇だけでなく、薬子らも思惑を抱きながら、嵯峨天皇との対立を深めていった**のである。

06 阿衡の紛議は藤原基経の誤解によって起きたというのはウソ

通説

887年、宇多《うだ》天皇は藤原基経《もとつね》を関白に任じようと詔《みことのり》を出し、「阿衡《あこう》の任を持って」という文言を入れた。天皇は「阿衡」を、関白を意味する言葉として用いたが、基経はこれを実権のない名誉職ととらえ、全ての政務をボイコットしてしまう。国政が一時的に停滞したことで天皇は誤りを認め、詔を撤回。基経の希望どおりの勅書《ちょくしょ》を出した。これが、「阿衡の紛議」と呼ばれる出来事である。文面の些細な解釈違いが政争を引き起こし、その結果基経は、関白が天皇を上回る地位であることを示したのである。

詔勅に記された「阿衡」の意味をめぐって政治的な混乱を起こした藤原基経（左）と、詔勅の作成者である橘広相（右）（菊池容斎「前賢故実」国会図書館所蔵）

真相

阿衡という語は先帝の時代に基経が使用しており、事件の直接的な原因ではない。基経がこれによって自身の地位確立を目指したのは確かだが、そのきっかけの一つは、宇多天皇が出した詔や勅答《ちょくとう》のなかに、基経の地位を脅かしかねない表現があったからである。

藤原家と天皇との確執

藤原基経は、清和《せいわ》天皇の頃より国政を主導した実力者である。続く陽成《ようぜい》天皇、光孝《こうこう》天皇の時代にも太政《だいじょう》大臣《だいじん》として政治の実権を握り、さらには宇多天皇の即位も手助けしている。宇多天皇も基経に対して感謝の気持ちを表していたが、即位直後に発した詔が、問題を引き起こすことになる。

詔では前帝時代に続いて、基経を関白に任命する旨が記されていた。基経は慣例に従い一度辞退したが、天皇が遺留のために出した勅答には「宜《よろ》しく阿衡の任《にん》を以《もっ》て卿《きょう》の任とせよ」という文言が入っていた。阿衡は古代中国の官名で、関白の異名である。

勅答をつくった橘広相《たちばなのひろみ》からすれば単なる言い換えのつもりだったが、藤原家の学者・佐世《すけよ》が「阿衡は実権のない名誉職」と指摘すると、基経は激怒。政務をボイコットしてしまった。その後、宇多天皇は誤りを認め、橘広相を罷免にしたというのが、事件のあらましである。

これまでは、基経が言葉尻をとらえて自身の立場を強化した出来事として語られることが多かったが、それだけでは説明できないことがある。

そもそも「阿衡」という語は、すでに基経自身が使っていた。基経は光孝天皇からの要請に対し、「阿衡の責任を果たせるかわかりません」と謙遜の返事を出していたのだ。阿衡の意味を理解していたことになるわけだが、それでも基経が宇多天皇に怒りを示したのはなぜか？　これについて歴史学者の瀧浪貞子氏は、**宇多天皇が関白と摂政を混同したことに原因があるのでは**という説を唱えた。

この説では、その前に宇多天皇から基経へ送られた、関白任命に関する勅書を問題視している。勅書では基経を「摂政太政大臣」としながらも、関白就任を求めていた。摂政は幼少の天皇に代わって政務を行う役職で、関白は天皇の補佐役だ。すでに摂政と関白は異なる立場であると認識されており、役割は全く異なる。つまり、摂政のまま関白になるようにと解釈できる内容だったのである。摂政と関白の権限の違いを自ら示してきた基経からすると、心穏やかではなかったはずだ。

宇多天皇（左／仁和寺所蔵）と光孝天皇（右／「小倉百人一首」国会図書館所蔵）

基経は返答であえて自らを「摂政太政大臣」と書いて天皇に反省を促したが、宇多天皇も広相も基経の問題意識に気づかなかった。結果、勅答で訂正されないどころか、阿衡という名誉職を示す文字まで加わっていた。関白を国政を左右する重職だと認識していた基経にとって、この出来事は耐えがたいものだった。そのため基経は憤り、政務のボイコットに発展したとされているのだ。

それに広相は、早くから娘を嫁がせるなどして宇多天皇と信頼関係を築いており、権力基盤を強化したい基経にとっては邪魔な存在だった。**これを機に広相を徹底的に排除しようと目論んだ**としても、おかしくはない。実際、基経は広相を流罪にするよう求めたが、菅原道真の仲介により罷免《ひめん》にして矛を収めている。

こうして基経は摂政と関白の違いを明らかにし、さらには天皇よりも立場が上だと世に示した。朝廷の権力が摂関家に握られていることが明らかになったのである。

07
陽成天皇が宮中で殺人を犯したというのはウソ

通説

陽成《ようぜい》天皇は、とにかく奇行が多かった。荒々しい性格で臣下を幾度も悩ませ、歴史書では「帝王の器に相応しくない」と酷評されている。その行いはエスカレートし、ついには宮中で源益《みなもとのまさる》を殴り殺すという大事件を起こしてしまう。さすがに臣下たちは無視することはできず、太政大臣《だいじょうだいじん》・藤原基経《もとつね》の要求により、陽成天皇は皇位を退いたのだった。

陽成天皇（左）と鎌倉時代の僧侶・慈円（右）（「小倉百人一首」国会図書館所蔵）。慈円は『愚管抄』において、陽成天皇を武烈天皇のような暴君だったと記した

真相

陽成天皇が乱暴だったとする見方は後世の書物に基づいており、**殺人に直接関与した証拠はない**。退位させられたのは、権力拡大のため、都合のいい天皇を擁立しようと藤原基経が策謀を巡らせたからである。

暴君話の裏側に渦巻く陰謀

陽成天皇は、雄略《ゆうりゃく》天皇や武烈《ぶれつ》天皇と同じく、暴君として恐れられた天皇である。9歳で皇位についたが、天皇は幼いながらも乱行で臣下を困らせ、元服してもその性格は変わらなかったという。

そして883年、源益を殴り殺すという恐ろしい事件を起こしてしまう。源益は天皇と乳母《めのと》が同じで、陽成天皇の側に仕えていた。

事件は表向きは伏せられたものの、翌年に陽成天皇は退位を表明している。持病が悪化して自発的に退位したことになっているが、その実は摂政の藤原基経が天皇の横暴を見かねて退位を要求したのだった。

17歳で上皇になったのちも奇行を繰り返し、僧侶・慈円《じえん》がまとめた『愚管抄《ぐかんしょう》』では武烈天皇のような暴君だと記され、『神皇正統記《じんのうしょうとうき》』でも帝王の器ではないと評された。他にも、狂気の人物であるとか人々を侮る悪主であるとか、とにかく悪評が多い。

ただし、悪評といっても武烈天皇のように妊婦の腹を割くといった残虐な行いをしたわけではなく、身分の低い者と親しくしたり、内裏《だいり》の庭で闘犬をさせたりといった内容である。しかも、悪評を伝える史料の多くは、天皇の崩御《ほうぎょ》から数百年後に書かれたものだ。

宮中での殺人に関しても、『日本三代実録』に「源益が殿上に伺候《しこう》していたとき殴り殺された」とあるだけだ。『日本三代実録』は陽成上皇在世中に編纂された史書である。**天皇が関与した可能性もあるが、突発的な事故だったと考える研究者は少なくない**。

また、『日本三代実録』には、「天皇は武芸を好んで覇気に富み、内裏の慣例には疎かったが、異性に心揺らがない感受性の強い素質の持ち主だった」と記されている。粗野な一面があったようだが、殺人を犯すような奇人としては描かれていない。にもかかわらず、なぜ陽成天皇は退位しなければならなかったのか。それは、藤原基経の動きをみればわかってくる。

基経は父・良房《よしふさ》と同じく天皇の摂政として権勢を振るっていたが、陽成天皇との関係は良好では

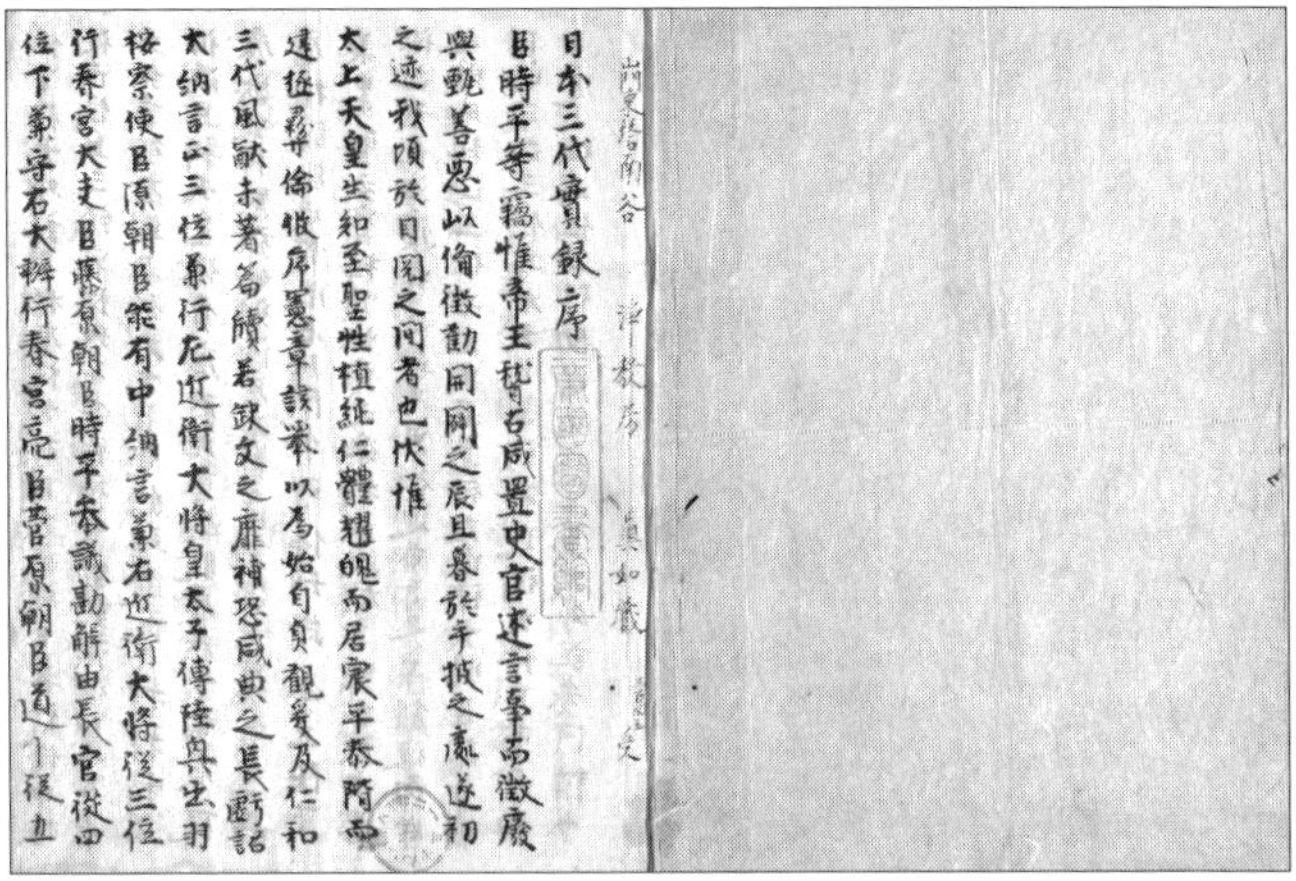

宇多天皇の命で編纂された『日本三代実録』の写し。陽成上皇在世時から編纂作業が進められた（国会図書館所蔵）

なかった。正確に言えば、**陽成天皇の母である藤原高《たか》子《こ》から、基経は警戒されていた節がある。**

高子の夫である清和天皇は良房の傀儡《かいらい》と化し、政治の実権を失っていた。ここから摂関家への警戒感を強めたのか、高子は基経が陽成天皇に娘を入内《じゅだい》させることを妨害している。その恨みもあり、基経は天皇の元服を口実に5度も辞表を提出し、朝廷の政務を滞らせて譲歩を引き出そうとしている。

そんな折に起きた源益の不審死を、基経は利用したのではないか。天皇の殺人だとする噂を広め、それを根拠に退位させたと考えれば、筋は通っている。それに陽成上皇を悪しざまに描いた『愚管抄』や『古事《こじ》談《だん》』などは摂関家の関係者がしたもので、先祖である基経寄りに記述している可能性がある。いずれにせよ、この出来事が基経の権力基盤を強化するうえで、大きな意味を持っていたことは間違いない。

08

後鳥羽上皇が最初から幕府を打倒しようとしていたというのはウソ

通説

後鳥羽《ごとば》上皇は、武家政権である鎌倉幕府に、真っ向から対抗した。初代将軍の源頼朝が死ぬと、上皇は朝廷復権を目指して武力討幕を計画。身辺警護を名目に、軍事力強化に乗り出した。そして、3代将軍実朝《さねとも》が暗殺されたのを機に討幕を決行。当初は多くの武士を集めたが、結局は幕府が御家人の大規模動員に成功し、朝廷は敗れて上皇は佐渡に流された。これが1221年に起きた「承《じょう》久《きゅう》の乱」の顛末《てんまつ》である。

後鳥羽上皇（左／「天子摂関御影」三の丸尚蔵館所蔵）と源実朝（右／「国文学名家肖像集」国会図書館所蔵）

真相

当初、後鳥羽上皇には討幕の意志はなく、むしろ**実朝を通じて幕府との関係を強化しようとしていた**。しかし実朝が暗殺されて融和政策が失敗すると、朝廷は執権《しっけん》・北条氏から圧力をかけられるようになる。そのため、上皇は武力討伐を決断したのである。

頓挫した幕府懐柔政策

承久の乱を起こした後鳥羽上皇は、鎌倉幕府の打倒と朝廷の復権を目指して源氏と対立した――。かつてはそんなふうに思われていた。

政治への関心が強かった後鳥羽天皇は、わずか19歳で息子に皇位を譲り、上皇として院政を開始。仲恭《ちゅうきょう》天皇までの3代にわたって朝廷を取り仕切った。

そんな後鳥羽上皇からすると、鎌倉幕府は国家の統率を妨げる邪魔者でしかない。そのため頼朝の死後より武力攻撃の準備をはじめ、天皇の警護を名目に「西面《さいめん》の武士」を結成。3代将軍実朝が暗殺されて幕府が混乱すると、幕府の実権を握っていた北条氏追討の院宣《いんぜん》を出して討幕を決行した。こうして起きた朝廷軍と幕府軍の戦いが、承久の乱だと言われてきた。

後鳥羽上皇が幕府の武力討伐を決行したのは、事実である。ただし、上皇がいつ討幕を決断したかは、実のところわかっていない。少なくとも実朝の存命中には武力蜂起の意志はなく、むしろ公武の融和を図ろうとしていたことがわかっている。

直接会ったことはないものの、後鳥羽上皇は実朝と親密な関係を築いていた。

数え年12歳で将軍に就任した実朝に対し、後鳥羽上皇は従姉妹を鎌倉に送っている。目的は、両者の婚姻関係を結び、幕府と朝廷の関係を強化するためである。

その後も実朝に歌集を送るというような、友好的な態度を見せていた。実朝も歌を送るほど上皇へ信頼を寄せるようになり、都の文化へのあこがれを強くしていったようだ。実朝がまとめた和歌集である『金槐和歌集《きんかいわかしゅう》』には、京へのあこがれや将軍としての鬱積《うっせき》などが詠まれており、後鳥羽上皇から影響を受けたと思しき歌も収録されている。

後鳥羽上皇からすれば、実朝との関係強化によって、幕府を間接的に支配する腹積もりもあったのだろう。子がいなかった実朝は上皇の息子を次期将軍にするつもりだったので、後鳥羽上皇が幕

実朝は後鳥羽上皇の息子を次期将軍にしようとしたが、暗殺されて頓挫。北条泰時（左）らは九条家から頼経（右／「集古十種」国会図書館所蔵）を将軍として迎えた

政に関与できた可能性は、十分にある。

　しかし実朝が暗殺されたことでせっかくの融和策も無に帰した。息子を将軍にするどころか、鎌倉からの圧力で幕府寄りの九条家から将軍を出すことになっており、屈辱を感じたに違いない。こうした融和策の失敗が引き金となって、後鳥羽上皇は武力攻撃を決断したと考えられている。

　周知のとおり戦いは幕府軍の勝利となり、幕府は支配領域を西国にまで伸ばしたのだが、**北条氏は当初から朝廷を敵に回すつもりはなく、むしろ上皇との戦いを避けようとしていた。**

　御家人を団結させた北条政子も、演説で上皇への追及は徹底して避けていた。上皇が敵軍にいた場合の対応を聞かれた2代執権義時《よしとき》も「武器を捨てて降伏せよ」と助言している。権力が衰退しているといえども、皇室に直接弓引くことは避けたかったようだ。

09

挙兵に反対したため土御門上皇は承久の乱の処分が軽かったというのはウソ

通説

承久《じょうきゅう》の乱で勝利した鎌倉幕府は、首謀者の後鳥羽上皇をはじめ、多数の皇族・公家を処罰した。このなかで、唯一微罪で済んだのが土御門《つちみかど》上皇だ。土御門上皇は後鳥羽上皇の討幕計画に反対していたため、幕府は罷免《ひめん》で済ますつもりだった。ところが土御門上皇が自ら重罰を求めたことで、急遽《きゅうきょ》土佐国への流罪となったのだ。

土御門上皇と順徳上皇（「天子摂関御影」三の丸尚蔵館所蔵）。承久の乱後、幕府は後鳥羽上皇らを流罪にしたが、土御門上皇は当初、微罪で済まされる予定だった

真相

幕府は土御門上皇らの行動を細かく調べて処罰を下したわけではなく、挙兵を反対していたことが微罪につながったとは言い難い。**乱の直後は皇族の流罪で皇統断絶の危険があり、皇位継承者を確保することが幕府の真意だった。**

土御門はなぜ許されかけたのか

承久の乱は、朝廷の軍が武家政権に完敗した戦いであると同時に、皇族が武士に裁かれた初のケースである。首謀者の後鳥羽上皇は隠岐《おき》へと流され、子の土御門上皇、順徳《じゅんとく》上皇らも流罪となった。4歳の仲恭《ちゅうきょう》天皇だけは流罪にならずに済んだが、強制的に退位させられ、後鳥羽上皇と対立した守貞《もりさだ》親王系が擁立されている。武士が天皇家を裁くという、前代未聞の事件である。

かつては処罰された上皇らのうち、土御門上皇だけは仲恭天皇と同じく微罪で済むはずだったと言われていた。土御門上皇が幕府との戦いに反対していたことが、その根拠である。

父である後鳥羽上皇と弟の順徳上皇が討幕を計画しても「まだその時期にあらず」と諌《いさ》めたという逸話があり、戦いには関与しなかったという。幕府はその経緯を踏まえて罷免にしようとしたものの、上皇本人の希望で土佐（高知県）への流罪が決まったと考えられてきた。

だが、近年の研究によって、新たな事実が明らかになった。幕府が上皇本人への取り調べや関係者への聞き込みを行ったとする記録がなく、**土御門上皇が非戦派だったと幕府が認識していた形跡もない**のだ。

それではなぜ、幕府は土御門上皇だけを微罪で済ませようとしたのか？　その理由として河内祥輔氏らが提唱しているのが、**皇統保護説**である。

幕府は後鳥羽上皇の血族を追放して、守貞系の血統である茂仁王《とよひと》を即位させた。これが後堀河天《ごほりかわ》皇である。ただ、茂仁王はまだ10歳と幼く、そのうえに病弱であった。後堀河天皇が早くに崩御《ほうぎょ》すれば、どうなるか。別の皇子を即位させようにも、後鳥羽系の皇子が即位しては、朝廷における幕府の影響力が弱まるのは必至である。下手をすれば、皇統断絶の危険もある。形式上、幕府は天皇の権威に基づいているため、皇統が断絶すれば幕府の正当性も怪しくなってしまう。そこで幕府は

後堀河天皇（左）と後嵯峨天皇（右）（「天子摂関御影」三の丸尚蔵館所蔵）。幕府は後堀河天皇や四条天皇、後嵯峨天皇を皇位につけ、皇統を後鳥羽直系から遠ざけた

土御門上皇を微罪にし、皇位継承者の予備軍をつくろうとしたのではないか、というわけである。

もちろん、土御門上皇も後鳥羽上皇の血筋を引いている。その意味では同じ後鳥羽系だと言いたくなるが、後鳥羽上皇は順徳上皇の系列を正統の血筋と決めていたため、土御門系の天皇ならば幕府も許容できた。逆にいえば、そんな理屈に頼りたくなるほど、幕府が皇統断絶への危機感を抱いていたということだろう。

上皇本人の希望で流罪に変更されたが、後堀河天皇の息子・四条天皇が早世したあとに即位したのは、土御門上皇の第三皇子である後嵯峨《ごさが》天皇だった。表向きは鶴岡八幡宮《つるがおかはちまんぐう》の神託によるとされたが、実際は幕府が事前に決定していたようだ。

こうして土御門系の血筋が続いたことで、幕府は承久の乱の正当性を維持すると同時に、皇統断絶の危機も回避したのである。

10

孝明天皇は岩倉具視に暗殺されたというのはウソ

通説

幕末に尊王思想が高まったことで、孝明《こうめい》天皇は政治の表舞台に姿を現すようになった。天然痘《てんねんとう》によって病死したが、実際には急進派に暗殺されたといわれている。急進派にとって、幕府寄りの孝明天皇は邪魔者でしかなかった。そのため、天皇が痘瘡《とうそう》（天然痘）に罹《かか》ったのを好機として、病に見せかけ毒殺したのである。その首謀者は、公家・岩倉具視《いわくらともみ》だと考えられている。

孝明天皇（左）と岩倉具視（右／国会図書館所蔵）

真相

岩倉が孝明天皇を毒殺したとする証拠は何もない。天皇に近づきやすい立場にあり、私的な恨みがあったはずだからという推測に基づいており、根拠は弱い。むしろ岩倉は孝明天皇に大きな期待を寄せており、崩御《ほうぎょ》後には死を悔やむ手紙を友人に送っていた。

天皇暗殺犯とされた公家

天皇家は武士の時代に権力を衰退させたが、幕末の政局では主要なプレーヤーとして返り咲いた。欧米列強によって幕府の権力が動揺するなか、尊王思想に影響を受けた武士たちは天皇の権威を背景に、この難局を乗り切ろうとした。そんな時期に皇位についていたのが、孝明天皇である。

孝明天皇は外国人を忌避しており、開国に懐疑的で尊王攘夷派から支持を集めていた。といっても、幕府に敵対したわけではなく、むしろ幕府と朝廷の関係強化を目指す「公武合体」の推進者でもあった。

この孝明天皇のもとで幕府と朝廷は協力関係を築いていったが、天皇は突如として亡くなってしまう。天然痘が原因だと発表されたが、その死には不審な点が数多い。

病の発症から10日後には回復に向かったとされているが、それから間もなく病状が急激に悪化して死亡。死ぬ前に体には紫色の斑点が生じ、吐血・出血があり、最期は「御九穴から御脱血」するほどの大出血だったという。

この不自然な病状悪化に、毒殺を疑う声は幕末の頃からあった。孝明天皇の側近・中山忠能《ただやす》の日記には、「悪瘡《あくそう》発生の毒を献じ候」と書かれた大奥老女による手紙の写しが残されている。あくまで噂のレベルではあるが、**公式記録が残されていないため、死因は今も謎のまま**である。

暗殺説をとる場合、気になるのは実行犯の正体だが、その最有力候補は尊攘派の公家・岩倉具視である。

岩倉は王政復古による新政権樹立を目指す、朝廷内でも指折りの尊攘倒幕論者だった。しかし、公武合体派の孝明天皇がいては、倒幕は難しい。そこで岩倉は天皇に接近しやすい公家の立場を利用し、病床の孝明天皇に毒を盛って殺害。若い明治天皇を即位させ、倒幕派の有利を作り上げた。

岩倉は孝明天皇から情報漏えいを疑われて辞官と出家を強要されていたため、個人的な恨みもあっ

孝明天皇の側近の中山忠能とその娘で天皇の側室である慶子。慶子が目撃した天皇の急変を、忠能が日記に記録した

たはずだ。そんな考えから、岩倉が孝明天皇の暗殺犯だと言われてきた。

しかし、この説には岩倉が犯人だとする確固たる証拠は何もない。あくまで憶測にすぎず、岩倉が天皇に恨みを抱いていたことを示す史料は存在しない。

むしろ岩倉は、孝明天皇を新政権構想の主軸に考えていたようだ。

1866年5月、岩倉は孝明天皇へ「全国合同策密奏書」を奏上している。幕末の混乱を天皇自身の罪として謝罪し、今後の一新を誓うことで天下臣民の心を引き付け、朝廷への協力体制を強固にするようにとアドバイスを送っている。天皇が崩御すると友人に手紙を送り、「千世万代の遺憾」「(これまでの構想が)悉《ことごとく》皆画餅《がへい》となり」と悲しむ文章がつづられている。こうした書状をふまえると、岩倉にとっても天皇の崩御は想定外だったと考えた方が自然だ。

11

皇族や公家がすべて倒幕に賛同していたというのはウソ

通説

薩長《さっちょう》土肥《どひ》の、いわゆる幕末雄藩は倒幕後に、天皇が主権を有する王政復古を目指していた。だが、この構想は建前で、真の目的は天皇の権威を利用した中央集権体制を生み出すことである。そんな事情を知らない皇族や公家は、朝廷復権を信じて一致団結。倒幕派の勝利に大きく貢献した。

北白川宮能久親王（左）と徳川慶喜（右）。親王は鳥羽伏見の戦いの後に寛永寺に謹慎していた慶喜を救うべく、新政府に嘆願書を持参した

真相

朝廷が倒幕容認に傾いたのは事実だが、同調しない皇族もいた。それが、北白川宮《きたしらかわのみや》能久《よしひさ》親王だ。徳川家の菩提寺に住む輪王寺宮《りんのうじのみや》として徳川慶喜と強い繋がりを持ち、**戊辰《ぼしん》戦争では旧幕派の盟主となって新政府に対抗した**のである。

幕府に味方した皇族

外圧にさらされ、徳川将軍家の権威が失墜した幕末。幕府からすれば、雄藩を抑えて日本の覇権を再び握るには、朝廷と天皇の支持が不可欠だった。そのため幕府は公武合体政策を推し進めたが、最終的に公家が支持したのは薩摩や長州の尊王攘《そんのうじょう》夷《い》派だった。

尊王攘夷は、天皇を敬い外国を打ち払うというスローガンで、この時代の武士たちは程度の差こそあれ、この価値観を共有していた。薩摩藩と長州藩は外国に敗北したことで攘夷を諦めたが、天皇の権威をもとにした政治体制をつくろうと政治工作を進めていく。

朝廷復権の好機とみた公家たちはこれに賛同し、懐疑的であった一部も、三条《さんじょう》実美《さねとみ》や岩倉具視ら尊攘派の公家による説得工作と、薩長土肥の軍事的圧力によって、引き込まれた。こうして公家や皇族は倒幕一色に染まり、朝廷の全面支援で薩長土肥は江戸幕府を滅ぼした、と思っている方もいるかもしれない。

だが、実際は倒幕運動に与《くみ》せず、幕府に味方した皇族もいる。それが輪王寺宮である。

輪王寺宮とは個人名ではなく、徳川家菩提寺の上野寛永寺に居住しながら比叡山延暦寺と日光輪王寺の管理者を兼任していた役職だ。**徳川家の菩提寺に住むので幕府からは手厚く遇され、輪王寺宮は自然と幕府寄りになっていった。**最後の輪王寺宮である北白川宮能久親王も、立場上幕府に味方している。

能久親王が輪王寺宮となったのは、1867年のこと。翌年、慶喜の使者として駿河国（静岡県）の駿府城に赴いた。すでに鳥羽伏見の戦いに敗北した慶喜に戦意はなかったため、能久親王は謝罪と徳川家存続を記した嘆願書を、征東大総督の有栖川宮《ありすがわのみや》熾仁《たるひと》親王に手渡した。だが、「虚飾が多い」と嘆願書は拒絶されてしまう。

江戸城への攻撃は回避されたものの、**能久親王は父からの帰還要請を蹴って上野に留まり、幕府**

上野で起きた彰義隊と新政府軍の戦い。能久親王は彰義隊を支援するも敗北。会津へ逃げ延びると東北諸藩の盟主となって新政府軍に対抗した

の残党で結成された彰義隊《しょうぎたい》を支援した。能久親王が帰還を拒否したのは、新政府軍の態度に不満を抱いただけではないようだ。皇族が消えると上野が戦場になるのではと恐れた旧幕臣や豪農・豪商が嘆願書を送ったことに、心を動かされたともいわれている。

だが、結局寛永寺周辺は戦場となり、能久親王も江戸を追われることになる。それでも、幕府海軍に拾われて翌月に会津若松へと逃げ延びると、東北諸藩の連合体である「奥羽越列藩《おううえつれっぱん》同盟」の盟主に就任。江戸の側近らに「速に仏敵朝敵退治せんと欲す」と書置きを残すなど、新政府と戦う意欲を見せている。

その後、東北諸藩が苦戦したことで能久親王は新政府軍に下り、幕府に味方して戦場に身を投じた皇族は、その役目を終えた。降伏後は京都で1年間の謹慎処分となり、復帰後は軍人となって明治時代初期に出兵先の台湾で病死している。

平治の乱を描いた『平治物語』の絵巻版。後白河政権内の主導権争いが戦乱に発展し、その結果平氏が力を握った。後白河上皇は一時実権を失うが、源氏を支援するなどして政治的影響力を保ち続けた（「平治物語絵巻（写）」国会図書館所蔵）

第二章

政治にまつわるウソ

12 大和朝廷が3世紀後半頃に成立したというのはウソ

通説

大和朝廷は古代日本を支配した、初の全国政権だ。大王《おおきみ》（のちの天皇）を頂点とする支配体制を敷き、支配領域は大和国とその周辺の畿内、さらには西は北九州、東は関東にまで及んでいた。7世紀の後半には天皇の称号を使うようになり、中央集権的な政治体制へと移行していったのである。

奈良県桜井市にある箸墓古墳（提供：国土地理院）。初期の古墳のなかでは最大規模で、ヤマト王権の有力者が埋葬されたと考えられる

真相

大和朝廷が全国政権となったのは、7世紀に律令制度が成立してからだ。それまでは大和国周辺の地方政権でしかなく、有力豪族の連合政権だった。現在の教科書で「ヤマト王権」と記されているのも、こうした変化を踏まえている。

教科書から消えた大和朝廷

かつての歴史教科書では、古代日本を統治した大王を頂点とする勢力を「大和朝廷」と書いていた。しかし現在の教科書では「ヤマト王権」とカタカナ表記になり、朝廷という言葉も使われていない。文字上はわずかな変化だが、意味する内容はまったく異なる。

中国の歴史書『漢書《かんじょ》』地理志《ちりし》によれば、紀元前1世紀頃、日本中に小規模な国が100以上も乱立し、全国規模の争乱が起きていた。その後、国の統合が進み、数十カ国規模に落ち着いたようだ。中国の史書『宋書《そうじょ》』に記された倭王武の奏上によると、ヤマト王権は争乱の最中に東55国、西66国、海をまたいだ北95国を平定し、古代日本の覇者になったとある。この数が史実だとは考えにくいが、大乱の中で王権が躍進したことは確かだろう。埼玉県の稲荷山《いなりやま》古墳から出土した鉄剣に大王の銘が刻まれていることから、5世紀までには関東にも影響力が及んでいたと考えられる。

だからといってヤマト王権が日本全国を支配したと考えるのは誤りである。東北や九州では抵抗する豪族が根強く残り、6世紀初頭には九州の豪族・磐井《いわい》が反乱を起こすなど、数々の反発も起きている。関東も支配下に置いたわけではなく、この地の豪族が支配していたと考えられる。

そもそも、ヤマト王権が大王主体の政権という見方も間違っている。政権は葛城《かつらぎ》、巨勢《こせ》、平群《へぐり》、蘇我《そが》、物部《もののべ》といった有力豪族の連合体で、**大王は絶対的な権力者ではなかった**。組織内の権力は豪族間で並立していたと考えられており、有力者間で大王に相当する地位を持ちまわっていたと考える研究者もいるぐらいだ。

5世紀頃の日本では、各地域が血縁関係を持つ同族集団によって支配されるのが普通だったとみられている。ヤマト王権が他の地域よりも優位に立っていた可能性はあるが、そこに絶対的な差はなかった。

ヤマト王権が大きく政治体制を変えるのは、中国から律令制を導入し、天皇中心の中央集権体制

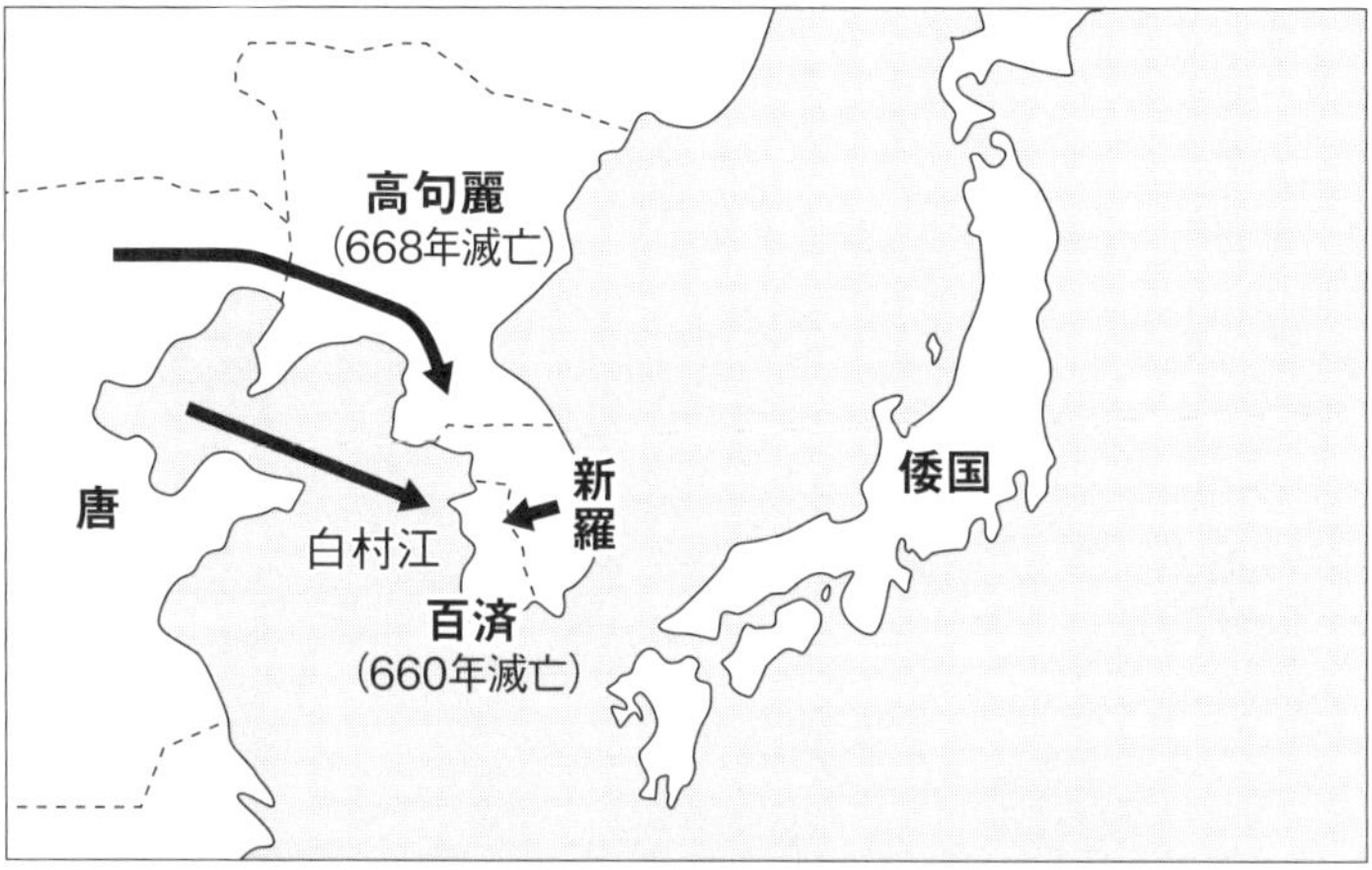

7世紀半ばの東アジア。天智天皇は百済救済のために水軍を送るが大敗してしまう

と官僚機構を整備してからである。**それまでの権力が分散した状態では政治基盤が安定せず、政権内では政治抗争が相次いだ。そうした状態を解消するため、7世紀に律令制を導入した**のである。

きっかけは、663年に、ヤマト王権が唐・新羅《しらぎ》連合軍に敗れたことだと考えられる。同盟国の百済《くだら》救援のために出兵したものの、ヤマト王権は朝鮮半島の白村江《はくそんこう》において、大敗を帰した。時の大王である天智《てんじ》天皇は、群臣から大いに顰蹙《ひんしゅく》を買ったはずだ。

天智天皇の死後、弟の大海人《おおあま》皇子が群臣たちに担ぎ上げられ、天武《てんむ》天皇として即位した。天皇は不安定な政権運営を改善し、新羅の攻撃に備えようと、制度改革を推進。制度の完成を見ずに他界したものの、持統《じとう》天皇が跡を継ぎ、701年に「大宝律令」が制定された。

こうしてヤマト王権の中央集権化は完了し、朝廷の基礎がつくられたのである。

13

6世紀にはヤマト王権が東日本を支配下に置いていたというのはウソ

通説

古代の東日本は、中小の豪族が支配する独立した勢力だった。ヤマト王権に匹敵する力があったとも言われるが、6世紀までにはその支配下に置かれてしまう。事実、ヤマト王権の影響で広まった前方後円墳が東日本にも存在している。関東の支配権は畿内の勢力と繋がった豪族が握るようになり、事実上、関東はヤマト王権の配下となったのである。

『古事記』に描かれる皇子ヤマトタケル。天皇の命を受けて関東の敵対勢力と戦ったとされる（「国史画帖大和桜」国会図書館所蔵）

真相

6世紀にヤマト王権は関東に強い影響力を持っていたものの、完全に支配していたわけではない。畿内の軍と関東の勢力が戦ったという話も残っており、**軍事的な緊張をはらんでいた**。同じように、ヤマト王権の配下にあったと考えられていた北九州でも、筑紫《ちくし》（福岡県西部）が強い独立性を保っていたと考えられている。

ヤマト王権に匹敵した東日本

ヤマト王権は、奈良盆地を中心に畿内で影響力を有した、古代の連合政権である。4世紀頃には中国地方、四国、北九州、さらには東北南部にまで影響力が及ぶようになっており、のちに中央集権化を進めて天皇中心の政治体制を築いている。

このように書くと、古墳時代からヤマト王権が日本の大部分を支配していたため、のちに中央集権化を実現できたと思うかもしれない。実際、かつてはそのように考えるのが一般的だったが、近年ではそうした見方が見直されるようになっている。

前項で紹介したとおり、7世紀までのヤマト王権は有力豪族らによる連合政権で、畿内を除く各地方の統治は、在地の豪族に任されていた。そして地方によっては、6世紀頃まで高い独立性を保った地域もあった。それが関東である。

8世紀に成立した『古事記』には、ヤマトタケルによる東方征討の話がある。ヤマト王権が関東の支配を目指していたからこそ、こうした伝説が生まれたのだろう。ヤマト王権の影響を受けて造られたとみられる古墳が多数見つかっていることから、畿内勢力の影響が及んでいたことは確かである。4世紀のものと比べ、5世紀半ばには古墳が畿内と同じ巨大後円墳が多数を占めていることから、畿内の影響を受けて、関東にも強力な政治集団が形成されたと考えられる。

とはいえ、交通網の未熟な古代において、畿内から見れば関東は僻地《へきち》である。ヤマト王権による本格的な進出が始まったのは4世紀末頃と、かなり遅かった。**初期のヤマト王権は直接支配を望まず、諸豪族との協調を維持していたようだ**。北関東に位置した上毛野国《かみつけぬ》・下毛野国《しもつけぬ》の力はヤマト王権にも匹敵したようで、ヤマト王権が勢力図を大きく乱すこともなかったと考えられている。

関東の独立性は、535年に屯倉《みやけ》（直轄地）が設置されたことで失われたと考えるのが通説だが、歴史学者の原島礼二氏は、6世紀の後半まで独立性が維持されたと考えている。確かに、古墳の築

関東最大の前方後円墳・太田天神山古墳。５世紀前半から中期にかけて造られた（提供：国土地理院）

造は6世紀に入っても続いている。それに『日本書紀』には、534年に関東で内乱が起き、その過程でヤマト王権と上野毛の間で戦いが起きたと記されている。伝承は創作の可能性が指摘されているものの、モデルとなる出来事があったとしても、おかしくはない。

現在では、**ヤマト王権の支配力は、6世紀の時点では盤石ではなかった**と考えられている。実際、関東だけでなく、北九州の筑紫も独自の勢力を保っていた。

筑紫は吉野ケ里遺跡に代表される大小さまざまな集落を持ち、筑紫の島といえば九州全土を指すほどの勢力を保っていた。

特に、この地の豪族である筑紫磐井《いわい》の影響力は現在の熊本県にまで及んだといわれ、527年にはヤマト王権と武力衝突に至っている（磐井の乱）。朝鮮半島に近い筑紫は外国と独自のパイプを築き、畿内に抵抗しうる勢力を有していたのだ。

14

水運に不便なので元明天皇は平城京に遷都したというのはウソ

通説

元明《げんめい》天皇が藤原京《ふじわらきょう》から平城京に遷都したのは、水運問題を解決するためだった。藤原京は水運の便が悪く、主要港である難波津《なにわつ》と連絡が取りにくかった。そこで貴族たちが難波津とアクセスしやすい土地への移動を提案すると、元明天皇は都を遷すことを表明。710年に遷都が実行されて、平城京が新たな都となった。

平城京跡地。現在は平城宮跡歴史公園という、国営の公園になっている

真相

藤原京は完成から16年しか経っておらず、造営工事は遷都直前まで続いていた。水の問題だけで急に都を変えたとは考えにくい。諸説あるが、**元明天皇が遷都に乗り気でなかった**ことから、有力貴族が権威を示すために主導したとする説が、有力視されている。

藤原京を放棄した真相

藤原京は、天皇中心の中央集権国家をつくる過程で生まれた都である。

かつてのヤマト王権では、大王の宮殿と群臣の居住区は離れており、速やかに政務を処理できなかった。この問題を解消するため、天武《てんむ》天皇が唐国の都市制度を参考にし、現在の奈良県橿原《かしはら》市で都市の開発を計画したのである。

遷都は694年、天武天皇の皇后《こうごう》であった持統《じとう》天皇の治世に行われた。都市面積は東西約5・3キロ、南北約4・8キロと、それまでの日本の都としては最大規模を誇る。大宝律令が制定されたのも藤原京で、朝廷の基礎がこの地で築かれた点を考慮すると、古代史上、重要度の高い都市といえる。

だが708年、元明天皇はそんな重要都市から平城京への遷都を、突如表明した。『続日本紀《しょくにほんぎ》』には、「平城の地が吉相《きっそう》の地だから」という理由が載せられているが、それだけの理由で建設が進む都を捨てるとは考え難い。

さまざまな仮説が立てられたが、有力視されたのは「水運説」だ。古代の日本では主要港の難波津から各種河川を通って内陸に物資を運んでおり、藤原京でも大和川《やまとがわ》を利用した水運が行われていた。しかし、大和川は度重なる工事によって土砂が堆積して川底が上がり、大型船舶の通航が難しくなった。都の人口増に伴い生活排水が大和川に流れ込み、衛生面での問題も浮上していたと考えられる。そこで、水運に適した奈良の地への遷都を決めたと考えるのが、水運説である。

だが、近年では水運上の理由だけで遷都したのではなく、別に決定打があったと考えられるようになっている。それが、**遷都は元明天皇ではなく、藤原不比等《ふひと》が主導した**という見方である。実は元明天皇は詔《みことのり》のなかで、「遷都は急がなくてよい」と残している。それでも、役人の多くが遷都に賛同したため、実行に移したのだ（『続日本紀』）。

これらの記述から歴史地理学者の千田稔氏らが提唱したのが、「藤原不比等らによる示威行為説」

元明天皇（左／『御歴代百廿一天皇御尊影』）と藤原不比等（右／菊池容斎「前賢故実」国会図書館所蔵）

である。

当時の朝廷内では、藤原不比等が元明天皇の皇子（のちの文武《もんむ》天皇）に娘を嫁がせて、政治的権力を強めていた。不比等は孫の首《おびと》皇子（のちの聖武《しょうむ》天皇）を次の天皇にするべく、即位に相応しい新都市の開発を計画したのではないか。**７０４年に遣唐使が帰国して唐国の長安《ちょうあん》の詳細がもたらされると、それを参考にした平城京の開発と遷都を天皇に進言した**とされている。元明天皇は次の天皇までの中継ぎで、政治的実権はほとんどない。そのため不比等らの要求を拒むことはできず、平城京の開発と遷都を決定したというわけだ。

実際、藤原京は国家儀礼の場である朱雀大路《すざくおおじ》に羅《ら》城門《じょうもん》がないなど貧相で、長安と比べれば未熟だった。不比等らによる意図がどの程度働いたのかはわかりようがないが、権威を示すためには藤原京を放棄し、新しい都に移した方がよかったというのは確かだろう。

15

摂関家は天皇に代わって政治の全権を握っていたというのはウソ

通説

平安時代の朝廷は事実上、藤原氏に支配されていた。天皇の補佐役である摂政・関白の地位を独占した藤原氏は、政敵を次々に追い出して朝廷内での権力を強化。天皇は儀礼を行うだけの存在となり、平安時代後期までその状態は続いた。こうした藤原摂関家《せっかんけ》を中心とした政治体制を「摂関政治」と呼ぶ。

摂関政治の全盛期をつくった藤原道長（「紫式部日記絵巻」）

真相

藤原摂関家が独裁体制を敷いて国政を独占したという見方は、すでに見直されている。**藤原氏が天皇に代って政治のすべてを取り仕切ったのではなく、天皇と協議する体制を維持していた。**

藤原氏は独裁者だったのか

摂関政治とは、幼年の天皇に代わって政務を行う摂政と、天皇の補佐役である関白が政治を主導する体制のことだ。

摂政は清和《せいわ》天皇が9歳で即位した際、藤原良房《よしふさ》が政治を代行してから連綿と受け継がれていった。関白は良房の養子・藤原基経《もとつね》が宇多《うだ》天皇の時代に始めたもので、いわば成人天皇を補佐することが役目である。藤原氏以外に摂関となった者は戦国時代の豊臣一族以外にはなく、良房の嫡流である藤原北家《ほっけ》が事実上摂関職を独占し、9世紀半ばから11世紀半ばまでのおよそ200年間に全盛期を迎えた。

特に、藤原道長の時代は栄華を誇った事例として、よく知られている。高校の日本史教科書のなかには、「政治は藤原氏の政所《まんどころ》（政務所）で行われ、朝廷と天皇は儀式のみの存在となった」と紹介するものもあり、一般的には藤原摂関家が政治の全権を掌握したというイメージが強い。

しかし実際には、いくら権力が強くても、摂関家は天皇を無視して政治を行うことはできなかった。位階を授与する叙位や官位任命に関する任官など、**人事に関する政務の決定権を持っていたのは、天皇**である。一部は太政官が任命を決めることがあったものの、大半は天皇の推挙を参考にして決定を下していた。

そもそも、朝廷内の重要な事案を最終的に決裁したのは、天皇である。諸国から上申文書が届くと、まずは弁官局《べんかんきょく》から執行責任者の上卿《しょうけい》へと渡る。小事はそこで決裁されたが、重要な事案は関白が取り次いで天皇へと上奏された。関白は天皇・大臣間の書類奏上《そうじょう》や下付《かふ》を取り持つ「内覧《ないらん》」を務めており、摂関家にとって有利な決裁になるよう働きかけることもあった。だが、『小右記《しょうゆうき》』などの貴族の日記によれば、天皇が関白の意見を拒否することもあり、摂関は天皇を無視して政治を行うことはできなかった。

そもそも摂関家が権力を有したのは、娘を介して縁戚関係を結び、天皇の祖父という立場にいた

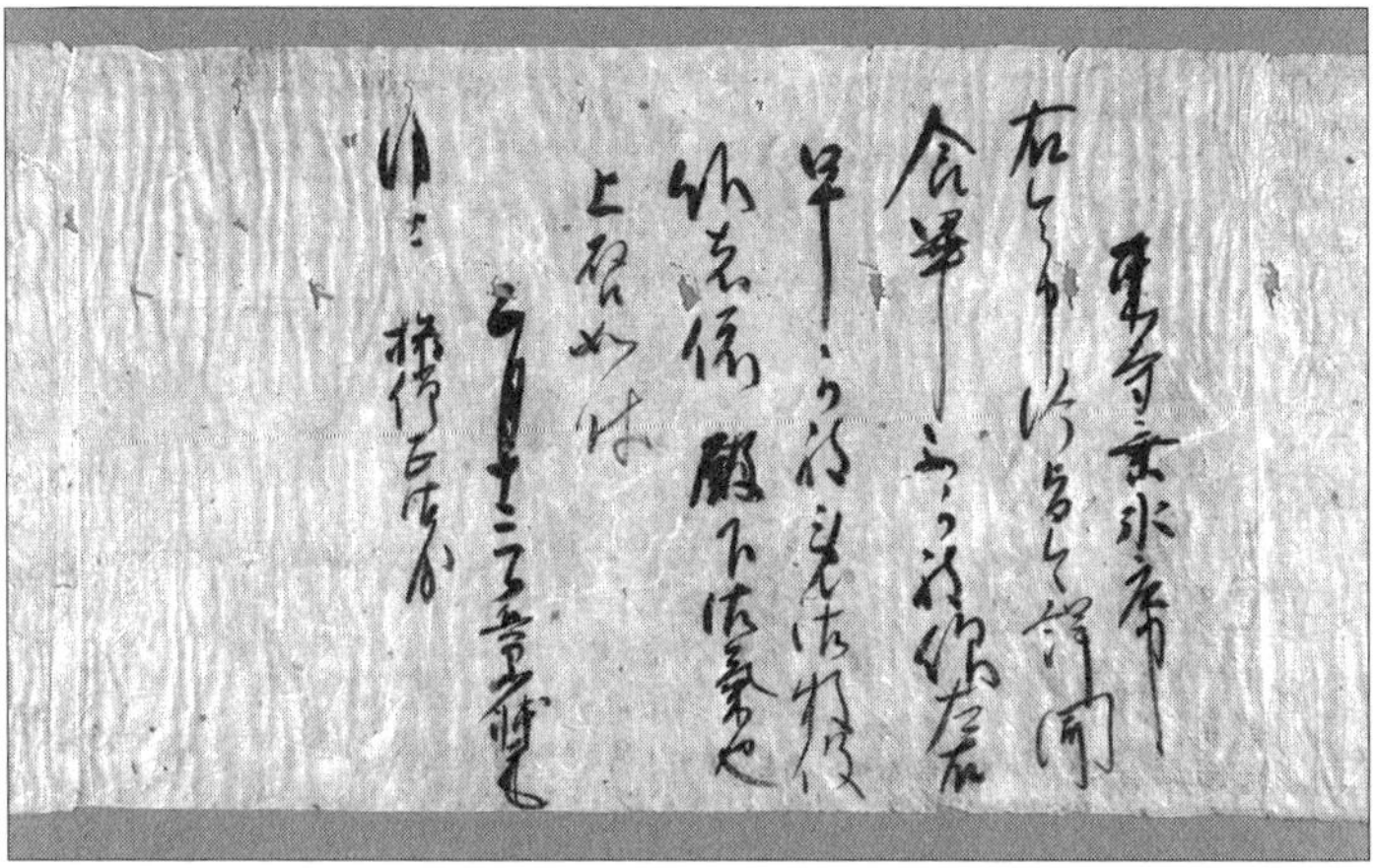

藤原忠実の時代に発給された御教書（「東寺百合文書」京都府立京都学・歴彩館所蔵）

からである。摂関政治とは藤原摂関家の独裁政権ではなく、天皇との協調を前提とした政治体制だったのだ。裏を返せば、**「天皇の義理の父親」であることだけを根拠とした脆弱な権力基盤**だった。縁戚関係を持たない後三《ごさん》条《じょう》天皇が即位した途端、摂関家が政治的権力を失ったのは、そのためである。

摂関政治が藤原氏の独裁体制だというイメージは、戦前に広く共有されていた。藤原氏の政務所から、政令を定めた御教書《みぎょうしょ》が出されたことなどがその根拠である。日本史概説書の「国史眼《こくしがん》」などにこの説が発表されると世間にも大きく広まり、通説として長く定着することになった。

しかし、戦後になると、藤原氏の御教書は身内に向けた文書であることが明らかになる。これにより、従来の藤原氏独裁説は過去のものとなり、天皇との関係性から見直されるようになったのである。

16

延喜・天暦の治が王朝政治の理想というのはウソ

通説

醍醐《だいご》天皇と村上《むらかみ》天皇の治世は、王朝政治の黄金期だった。朝廷では天皇親政が重んじられ、天皇の主導で貨幣一新など様々な改革が遂行された。限定的ながら中小貴族でも出世しやすいように配慮されるなど、身分にとらわれない政治が行われていた。後世になるとこの治世は「延喜《えんぎ》・天暦《てんりゃく》の治《ち》」と呼ばれ、近代以降も王朝政治の理想として語り継がれてきた。

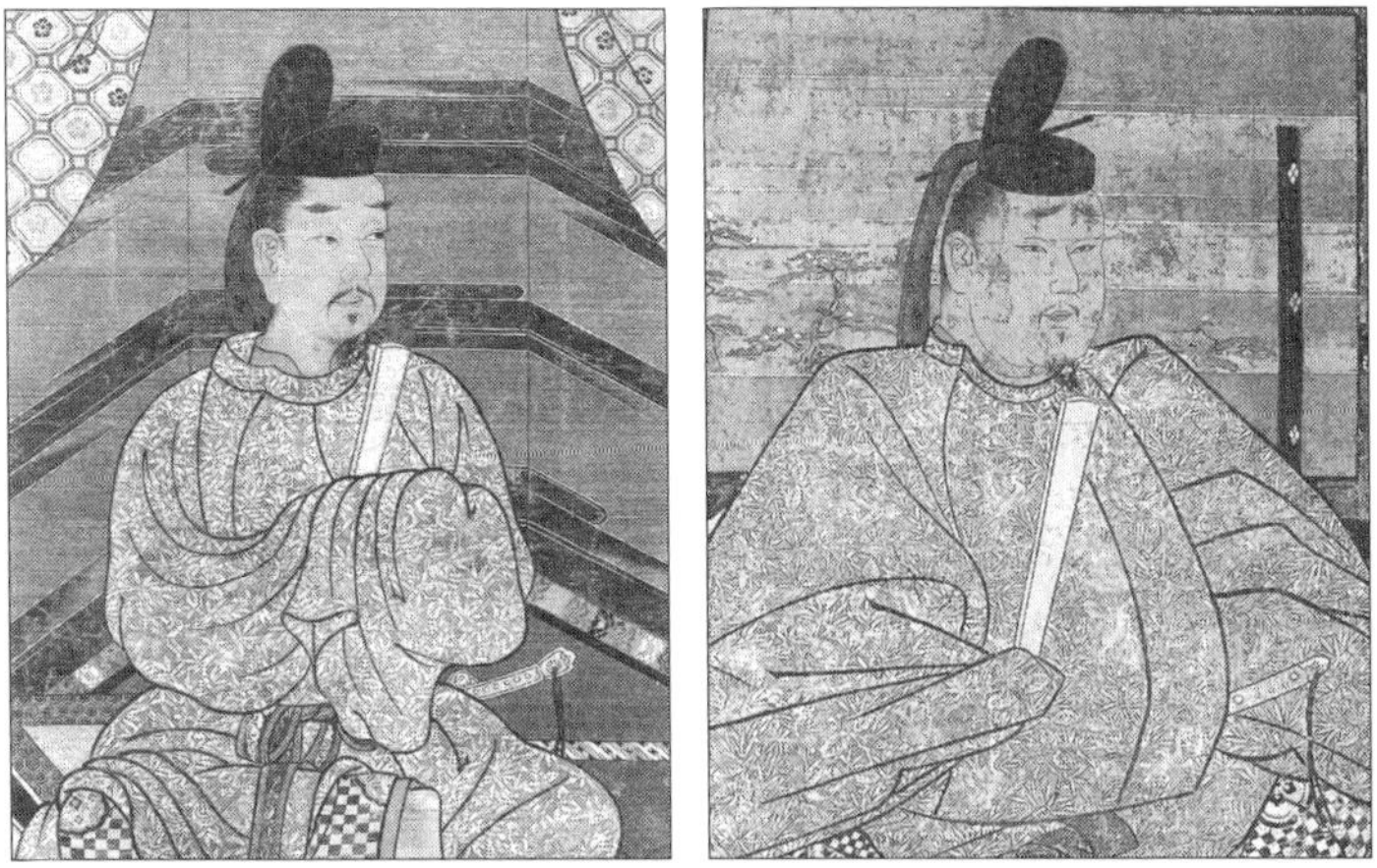

醍醐天皇（左／醍醐寺三宝院所蔵）と村上天皇（右／永平寺所蔵）

真相

両天皇の治世でも、藤原氏は側近として政治に関わっていた。**主な政治活動は有力貴族に任されており、天皇が政治を主導したわけではない**。政争は絶えず、出世が厳しい年功序列の貴族社会で、おまけに災害が多発して不安が広まっていた。王朝政治の理想とは決して言えない状態だったのである。

過大評価だった王朝政治の理想

天皇が政治を主導する「親政」。その絶頂期とされた時代が、醍醐天皇と村上天皇の治世である。醍醐天皇は８９７年から９３０年、村上天皇は９４６年から９６７年の間、皇位についていた。

醍醐天皇は摂政・関白は置かず、荘園整備などの各種改革を藤原氏に邪魔されることなく行えた。次代の朱雀《すざく》天皇のときに関白職は復活したが、村上天皇はこれを廃して親政体制を維持。さらにはこの時代としては珍しく、限定的ながら平等な人事評価が行われた。まさに、藤原摂関家に左右されない善政である。

しかし、こうした歴史像は戦後の研究によって覆されることになる。現在では両天皇治世は、理想社会とはかけ離れていたことが明らかになっているのだ。

両天皇は摂関こそ置かなかったが、政治は藤原氏を含む有力貴族に任せていた。醍醐天皇は左大臣の藤原時平《ときひら》と右大臣の菅原道真《すがわらのみちざね》に政治を任せ、道真が政争で憤死すると時平が実権を掌握。時平の死後も天皇が実権を握ることはなく、時平の弟の忠平《ただひら》が権勢を振るうなど、藤原家の影響力は健在だった。村上天皇も忠平没後には関白こそ置かなかったものの、左大臣の藤原実頼《さねより》と右大臣の藤原師輔《もろすけ》が強い影響力を保っていた。つまり、理想的だとされた延喜・天暦の治の時代においても、**天皇が自由な政治は行ったとは言い難い**のだ。

では人事についてはどうか。これについては一部正しい。10世紀以降は天皇や藤原氏の親戚縁者が出世しやすく、無名の下級貴族の昇進はかなり難しかったが、延喜・天暦の治にはそうした「えこひいき」はなかった。だが、実はこれにも裏がある。

醍醐・村上天皇の時代には、主に年功が重んじられた。ある役職を長く務めることで、位階が昇進する仕組みである。

 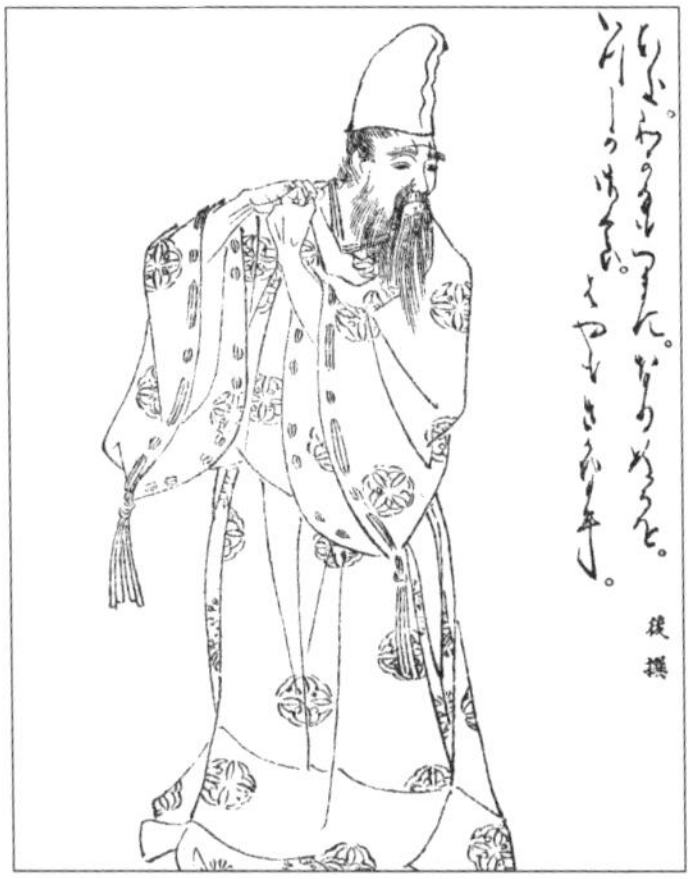

醍醐天皇時代に政治を主導した藤原忠平（左）と村上天皇時代に権力を集めた藤原実頼（右／菊池容斎「前賢故実」国会図書館所蔵）

しかし、昇進に必要な年数は平等ではなかった。

例えば、従五位下《じゅごいのげ》という位階から一つ上の従五位《じゅごいの》上《じょう》に出世するとしよう。エリートコースの少納言《しょうなごん》なら3年で出世できたのだが、現在の事務次官に相当する輔《すけ》では最低4年、さらに下の侍従《じじゅう》では、出世するまでに8年以上もかかった。

こうしてみると、**コネ重視の摂関政治期よりはマシなだけで、公平平等とは言いにくい**。各種の改革が行われたのは事実だが、王朝政治の理想と呼ぶのは、過大評価と言わざるを得ない。

実はこの時代を懐かしむ声が全国に広まったのは、明治時代以降のことである。

天皇を中心に近代化が進められるなか、政権の中枢を占めた維新の志士や全国の士族たちは、延喜・天暦の治を天皇親政の理想社会と評価した。この評価が影響し、通説が形成されたといわれている。

17 後白河天皇が暗君だったというのはウソ

通説

後白河《ごしらかわ》天皇は稀代《きだい》の暗君である。即位できたのは次代の天皇までの中継ぎだったからで、父の鳥《と》羽《ば》上皇や兄からは無能と蔑《さげす》まれていた。実際、「今様《いまよう》」などの芸能に熱中したことが原因で、平清盛の台頭を許してしまう。天皇権威の低下をもたらしたことから、歴史書『本朝世紀《ほんちょうせいき》』のなかでも「比類少きの暗主」と酷評されている。

後白河天皇（左）とその息子の二条天皇（右）（「天子摂関御影」三の丸尚蔵館所蔵）

真相

平清盛と対立して実権を奪われることもあったが、武士団を巧みに競い合わせることで、後白河上皇は5代にわたって院政を維持していた。平家や源氏の言いなりにもならないその老獪《ろうかい》さから、**源頼朝をして「日本第一の大天狗《おおてんぐ》」と称されるほど警戒された存在だった。**

源平と渡り合った上皇

「文にも武にもあらず、能もなく芸もなし」

軍記物語の『保元物語《ほうげんものがたり》』にて、鳥羽天皇の息子・雅《まさ》仁《ひと》親王を評価したとされる一文だ。

この能なしと呼ばれた親王こそ、のちの後白河天皇（上皇）である。

後白河天皇は、子の守仁《もりひと》親王（二条《にじょう》天皇）が成長して即位するまでの中継ぎとして、天皇になった。そのため即位3年後には早くも皇位を息子に譲り、上皇となっている。譲位後は権力強化のために平家との関係を深めるも、これが平清盛の台頭を招いてしまう。上皇はのちに清盛に幽閉され、朝廷政治が平家に乗っ取られていったのである。

「能なし」という評価は、こうした経緯を踏まえてのことだろう。ただ、上皇にはもう一つ、「日本第一の大天狗」という異名もある。**上皇は天狗と評されるほどの強い個性を発揮して源氏や平家と巧みに渡り合い、二条天皇から後鳥羽《ごとば》天皇までの5代にわたる院政体制を維持した**のである。

確かに、後白河上皇が平清盛との関係を重んじたのは事実だ。当時の朝廷では天皇家や摂関《せっかん》家、それに源氏や平家それぞれが内輪もめ状態で、権力が分散していた。そこで上皇は平家の武力に頼り、清盛に武士としては初の太政大臣《だいじょうだいじん》の地位を与えるなどして、権力基盤を強固にしようとしたのである。

だが、大内裏《だいだいり》に乱入した延暦寺信徒の鎮圧を清盛が拒否すると、両者の関係に亀裂が生じ始めた。この頃の清盛は延暦寺に融和的な態度を示していたが、上皇は独自の制裁を科している。するとその報復なのか、清盛は上皇の側近を平家打倒の容疑で処罰した。これに激怒した上皇は、清盛の娘と長男の死去に伴い、両者の領地を没収。当然、清盛も怒り心頭に発し、軍事力をもって上皇を鳥《と》羽殿《ばどの》に幽閉したのだった。

しかし、上皇はこれで政治的権力を失ったわけではなかった。源頼朝が挙兵すると密かにこれを

屋島における義経軍と平氏軍との戦い（「源平合戦図屏風」東京富士美術館所蔵）

支援。木曽義仲《きそよしなか》の軍が京に接近したときには、都を脱出して源氏側の比叡山に入っている。しかも義仲も信用できないと踏むと、彼を追放すべく、頼朝と連絡を取って上洛を強く求めた。そして、頼朝が義仲を倒すと平家追討令を発し、**源氏を味方につけた**のである。

こうして、頼朝率いる源氏の活躍により、壇《だん》ノ浦《うら》で平家は滅んだ。すると今度は鎌倉に拠点を築く頼朝が邪魔になり、源義経に追討を命じているが、結果は敗北。頼朝に追及され、守護と公領管理人である地頭の設置権を認めさせられている。

驚くべきことに、上皇はこんな状況でも、頼朝への対抗心を抱き続けた。貴族の年貢未納問題の解決を頼朝に押し付けたり、朝廷行事の費用を負担させたりして、源氏に対抗しているのだ。地頭の規模を縮小させているし、義経が逃げ込んだ奥州藤原氏の追討や頼朝の征夷大将軍就任も、死ぬまでは頑として認めようとしなかった。

18

足利尊氏が北朝をたてたのは南朝を滅ぼすためというのはウソ

通説

南北朝時代は、足利高氏（のちの尊氏）の挙兵から始まった。建武《けんむ》の新政《しんせい》に失望した尊氏は京へと入るが、危機を察した後醍醐《ごだいご》天皇は、すでに逃亡していた。自らの正当性を主張する後醍醐天皇に対抗するべく、尊氏は光明《こうみょう》天皇を即位させて「北朝《ほくちょう》」を成立させる。これに対して後醍醐天皇も奈良の吉野にて「南朝《なんちょう》」を興《おこ》したことで、朝廷を二分する戦いが勃発した。

中央上部にいるのが足利尊氏。後醍醐天皇方の新田義貞軍との戦いで押された後、軍評会議を開いている場面（『大日本歴史錦絵』国会図書館所蔵）

真相

皇統間の対立や天皇不在による京の混乱などの問題が絡み合った結果、北朝が立てられた。対立が深刻化したのちも、**尊氏は後醍醐天皇を敵として切り捨てていたわけではなく、京への帰還を求めたこともあった。**

南北朝誕生の真相

室町時代初期（1336～1392）は、南北朝時代と呼ばれている。この57年間、朝廷が京都と奈良の吉野に分裂し、幾度も武力抗争が繰り広げられた。その背景には、足利尊氏と後醍醐天皇の対立があったとされる。

尊氏は、後醍醐天皇の下で鎌倉幕府討伐に参加した新政権の功労者だが、征夷大将軍の任命拒否など、武家を軽んじる後醍醐天皇への対抗姿勢を強めていく。

そして1335年末に京へ出陣して天皇側の武士団と衝突し、翌年はじめに上洛を果たした。

尊氏上洛直前、後醍醐天皇は比叡山へと逃れ、京は天皇不在の状態となっていた。そんななか、尊氏は後醍醐天皇に冷遇された光厳《こうごん》上皇の復帰と光明天皇の即位を支援。こうして北朝が立てられた。これに対抗するべく後醍醐天皇も吉野に南朝を開き、南北朝時代は始まった。

戦前には、尊氏が北朝を開いたのは南朝を滅ぼすためだったという見方が強かったが、**実のところ尊氏に後醍醐天皇を倒す気はなかった**。それどころか、北朝成立後は後醍醐天皇に京への帰還を求めており、南北の分裂を穏便に収束させようとしたこともある。というのも、尊氏の武力があったとはいえ、**北朝の権威は不安定だったから**である。

皇位継承の証である三種の神器は、後醍醐天皇によって比叡山に持ち出されていた。そのため、光明天皇は神器なしでの即位を余儀なくされている。天皇権威の正当性が揺らいでいたため、後醍醐天皇に和睦を求めたわけだ。天皇側もこれに応えて京へと戻り、三種の神器を北朝に渡している。

そんな不安定な状況でありながら尊氏が北朝を支持したのは、一つには朝廷の混乱を防止するためだ。朝廷の儀式は天皇が主導したが、後醍醐天皇の不在で実施が難しくなっていた。この時代の儀式は単なるイベントではなく、国家安泰を祈ったりと、重要なものが多かった。天皇不在が長期に及べば、朝廷が機能不全に陥る恐れがある。そのため、公家社会安定化のために天皇を擁立したわけだ。

もう一つ、皇統間の対立を抑え込めず、結果的に北朝と南朝に分かれたという見方もできる。

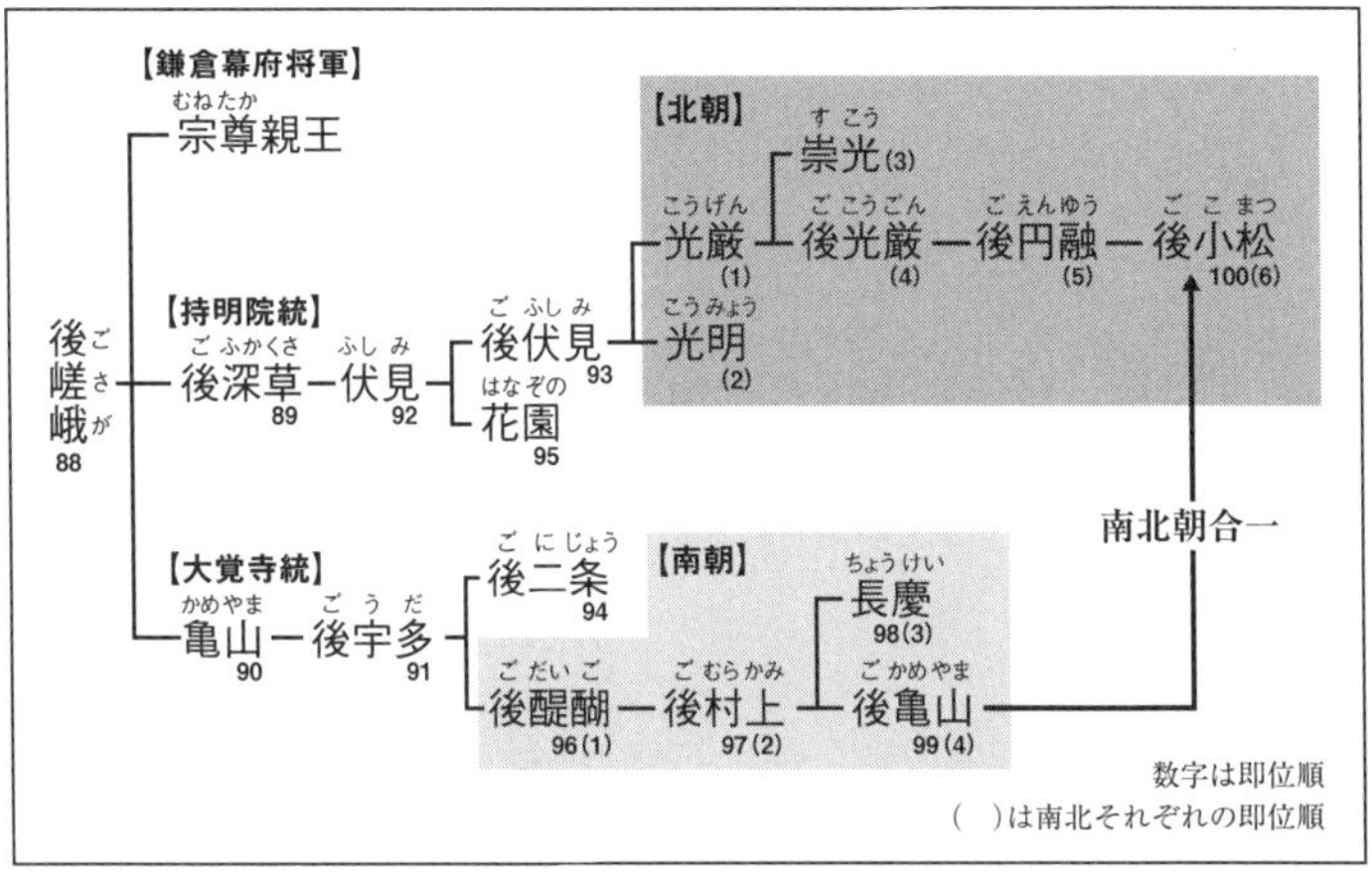

北朝と南朝の皇統

鎌倉時代後期より、朝廷では大覚寺統《だいかくじとう》と持明院統《じみょういんとう》という二つの皇統が、皇位継承をめぐって派閥争いを続けていた。当時も後醍醐天皇は大覚寺統、光厳上皇は持明院統として対立状態にあり、両者の溝は深かった。

そんな溝を埋めるべく、鎌倉幕府が仲裁に入っていたのだが、尊氏はこの慣習を利用した。**京入りの大義名分として、後醍醐と敵対する光厳上皇を担ぎ出した**のだ。

京入り後は光厳上皇の院政開始を後押ししたが、足利家としては持明院統を優遇するつもりはなかった。後醍醐天皇帰還時に、それぞれの皇統から天皇を交互に即位させることで、対立を抑え込もうとしたのだ。しかし**後醍醐天皇は足利家主体の朝廷をよしとせず、側近たちの勧めで吉野へ逃亡**。南朝を成立させた。

このような、二つの朝廷が両立する歪《いびつ》な状態が一応の解決をみるのは、約半世紀以上も後、3代将軍義満の時代になってからである。

19 後醍醐天皇の建武の新政が無意味だったというのはウソ

通説

鎌倉幕府を滅ぼした後醍醐《ごだいご》天皇は、公家を中心とする新体制を発足する。いわゆる「建武《けんむ》の新《しん》政《せい》」である。公家や寺社を復権させて朝廷権力を強化しようとしたが、軽視された武士たちの不満を呼び、足利武士団が蜂起したことで、短い治世を終えた。たった2年しか続かなかった後醍醐天皇の改革は、結局何の成果も残せなかったのである。

建武の新政を主導した後醍醐天皇（「天子摂関御影」三の丸尚蔵館所蔵）

真相

建武の新政によって日本の中心地が再び京都に戻されたことで、**守護の権限が拡大し、戦国大名誕生の遠因をつくり出した**。裁判制度など政策の一部も室町幕府に引き継がれたとされ、期間は短いながらも歴史的な意義は小さくない。

継承された新政の遺産

鎌倉時代から幕末まで、天皇は武士に政治権力を奪われていた。だが、実際はほんの数年だけ実権を取り戻した時期がある。それが、後醍醐天皇が主導した建武の新政の頃である。

後醍醐天皇は己の血統で皇位を独占するべく、皇位継承に介入する鎌倉幕府の打倒を即位直後から企てていた。挙兵は失敗し、幕府によって配流にされたものの、権勢をふるう北条氏への反発が全国的に広まるとその波に乗り、幕府追討の宣旨《せんじ》を発布。これに従う武士たちにより、1333年、鎌倉幕府は滅亡した。

その後に後醍醐天皇が行った政治が、建武の新政である。公家と皇族の所領を復活させて権威回復を図ると同時に、御家人《ごけにん》制度を廃止して、地方統治は守護と国司に共同して行わせることとした。

しかし結局、後醍醐天皇が朝廷の権威拡大を重視しすぎたことで、武士たちは不満を募らせていく。内裏造営を目的とした増税にも、各地の武士には痛手だった。さらには役人と農民の衝突も頻繁に起こるなど、新政前より窮屈な生活を強いられ、各階層に不満が溜まっていった。

こうした政権不信により、後醍醐天皇主導の新体制は、わずか2年で幕を閉じた。期間が短く、社会を混乱させるだけだったとして低く評価されがちだが、実際は、**室町幕府にとってプラスの影響も与えていた**。

その最たるものが、**守護の権限拡大**だ。

鎌倉時代の守護は行政権を持っていなかったが、後醍醐天皇によって国司《こくし》に準ずる役割を与えられたことで、守護の支配強化は加速した。室町幕府成立後は弱体化した国司に代わって徴税権を一部認められ、徐々に勢力を拡大。やがて領国を形成して守護大名へと発展していった。そして応仁の乱後に幕府が衰退していくと、その中から戦国大名となる守護も登場している。権力基盤を固めていた一部の守護大名に限られるものの、武田家や島津家といった戦国大名は、守護の権限強化が

配流先の讃岐から脱出したのち、伯耆国（現鳥取県）の名和長年らに助けられた後醍醐天皇。長年は建武の新政において優遇され、雑訴決断所の役人などを務めた

なければ、存在していなかったかもしれない。

また、**日本の中心地を京に戻した**ことにも注目すべきだろう。

全国政権の本拠地を定めたことで、日本の政治経済の中心地が京であることを、朝廷や御家人、有力寺社らに再確認させた。歴史家の森《もり》茂《しげ》暁《あき》氏は、足利尊氏が後醍醐天皇の前例を学び取り、京を支配せずに全国を治めることは不可能だと考えていたのではと指摘しているが、おそらくそのとおりだろう。

同時に、日本を8区域に分けて訴訟を担当した「雑《ざっ》訴《そ》決《けつ》断《だん》所《じょ》」の設置で、**全国を法的支配する方式をつくった**ことが、のちの支配制度の基礎となったという指摘もされている。

幕府と建武政権では組織図や設立目的も違うので単純な比較はできないが、後醍醐天皇が目指した目標の一部を室町幕府が成し遂げたことは事実である。

20 戦国時代の天皇が政治的に無力だったというのはウソ

通説

鎌倉幕府の発足以来、朝廷と天皇の権力は衰退の一途をたどった。権力の低下は戦国時代にピークを迎え、天皇は政治的な実権を全て喪失。慢性的な財政難で宮中儀式の執行すらも困難になった。朝廷は戦国大名の支援なしでは成り立たず、天皇であっても有力大名に頭が上がらなくなっていた。

戦国時代の天皇である正親町天皇（左／泉涌寺所蔵）と中国地方の有力者・毛利元就（右／「肖像集」国会図書館所蔵）。元就の資金援助を受けて正親町天皇は即位した

真相

叙位や改元の権限を通じて、朝廷は一定の権威を保っていた。天皇が戦国大名の言いなりになっていたというのも誤りで、実際には**争いの調停や裁判を通じ、武家社会の調整役として存在感を表していた**。

存在感を示した戦国の天皇

武家社会の到来で、天皇は政治の実権を失った――。この通説に大きな間違いはない。承久《じょうきゅう》の乱での敗北で軍事・政治の実権を鎌倉幕府に奪われ、室町幕府の時代になると、政治的・経済的能力はさらに低下。戦国時代には朝廷の儀礼を行う費用すら、ろくに用意できなかった。

しかし、朝廷が政治的権力を失ったのは事実だが、権威を完全に失ったわけではない。むしろ、実際には武家社会に対して、かなりの影響力を有していた。

根拠として挙げられるのが、**官位の叙任権**である。官位は平安時代の貴族に金銭で取引されるほど重視されていたが、室町時代初期の天皇は、官位を授与する叙任権を室町幕府に奪われていた。だが戦国時代の到来で幕府の権威が失墜したことにより、諸大名は朝廷に直接官位を要求するようになる。そうした叙任権を通じて、天皇は戦国大名に対する一定の影響力を取り戻したのである。

また、天皇から「戦乱平定の綸旨《りんじ》」を得て武田・北条家を攻撃した上杉謙信のように、**隣国侵攻の大義名分を天皇に求める大名も少なくなかった**（綸旨は天皇の意を受けて出される文書）。利用されたといえばそれまでだが、大名が頼りたくなるほどの威光を天皇が保っていたのも事実なのだ。

それに天皇は、ただ利用されてはいなかった。官位の見返りとして献金を受け取り、朝廷の運営資金に充てていた。なかでも**正親町《おおぎまち》天皇は、戦国大名の力を朝廷復権に利用しようと力を注いでいた**のである。

正親町天皇が即位した頃の16世紀半ば、朝廷は自力で即位式の資金を賄えないほど困窮を極めていた。式を実施できたのは即位から3年後。中国地方の大名・毛利氏より献金を受けてからだった。

即位後は朝廷儀式の復興を目指しはしたものの、財政難に苦しむ朝廷に余裕はあまりない。そこで正親町天皇は、戦国大名との連携強化を目指した。なかでも正親町天皇が期待を寄せたのが、織田信長だ。信長から献金や朝儀《ちょうぎ》復興の支援を受ける見返りとして、天皇は敵対大名との講和を仲介。

戦国時代の京の町並み（「上杉本 洛中洛外図屏風」米沢市上杉博物館所蔵）。右側に見える大きな建物が天皇の住む御所

朝廷が受け持った訴訟の執行を、織田家に命じることもよくあった。

たとえば、山城国（京都府）の役人・中原師廉《もろかど》が清《きよ》原《はら》国賢《くにかた》を相手取り、山崎油を横領したとして裁判を起こしたことがある。山崎油の徴収権は中原家が握っていたが、国賢が油の一部を横領したため、師廉が朝廷に提訴したのだ。このとき朝廷は師廉の権利を認め、信長に横領阻止を命じている。

また、宇治平等院の領地が小土豪の一派に横領された事件でも、信長は朝廷の裁決に従い土豪たちを処罰している。**信長の協力のもとで天皇は調停役としての存在感を増し、その権威を高めつつあった**のだ。

力関係でいえば信長の方が上だが、天皇は言いなりだったわけではなく、譲位や改暦《かいれき》の要求を拒否することもあった。そして、信長死後は豊臣秀吉の後ろ盾になるなど、天下人の躍進を支えている。

21 織田信長が天皇を蔑ろにしていたというのはウソ

通説

斬新なものを好む織田信長は、天皇を古い権力体制の象徴として軽視した。天皇の意向を無視してキリスト教の布教を許し、安土城に御所を模した御殿を建てると、大量の兵馬で行軍する「御馬《おうま》揃《ぞろえ》」で朝廷を威圧。信長が天皇に払う敬意は微塵もなく、天下統一後は朝廷を解体する計画すら立てていた。

誠仁親王（左／泉涌寺所蔵）と織田信長（右／模本・東京国立博物館所蔵／出典：ColBase)。信長は正親町天皇に対し、誠仁親王の即位を求めていた

真相

織田家は朝廷との繋がりが深く、**信長もまた、天皇との関係を重んじていた**。多額の献金で朝廷を金銭的に支援するとともに、朝廷儀式の復興や御殿の修復を援助。天皇も織田家と他家の間を取り持つなどして、信長の日本統一事業を支えていた。

天皇と信長の協力関係

日本統一に王手をかけた戦国大名・織田信長。これまでは、古き秩序を解体したことで躍進した改革者というイメージが強かった。しかし、昨今の研究によってそうしたイメージには、大きく修正が加えられている。有名な「楽市・楽座」などの各種政策はほかの大名家が先に実施しており、三段撃ちなどの戦術も創作だという説が有力だ。

そして天皇家との関係も見直され、意外な事実が明らかになっている。信長は天皇を軽視していたといわれてきたが、実際は全くの逆で、軽視どころか、天皇との関係をどの大名より重んじていたのだ。

そもそも、信長の父・信秀が朝廷に多額の献金を行うなど、織田家は代々、天皇家と関係が深かった。信長も父と同じく天皇を重視しており、それは上洛後の行動をみるとよくわかる。

1568年に足利義昭《よしあき》を通じて上洛すると、信長はまず天皇の命に従って、応仁の乱以降、乱れていた京の治安回復に努めた。さらに朝廷へ多額の献金をし、朝廷儀式の復興や御所の修繕・造営に力を注いだ。公家や天皇の領地回復にも応じ、長年途絶えていた院政の復活も視野に入れるなど、**朝廷の権威復活を後押ししようとした**。

もちろん、信長は朝廷への敬意だけで京の復興を進めたのではない。**朝廷の権威と天皇の信頼を得ることで、天下統一に役立てようとした**のだ。浅井《あざい》・朝倉《あさくら》家との戦いでは天皇の協力で講和し、足利義昭と対立が深まった際にも、朝廷の仲立ちによって和睦している。信長を10年以上も悩ませた本願寺との戦いも、終戦の決め手は天皇を通じた休戦要請である。

しかし、両者の関係が順風満帆だったとも言い難い。1581年に正親町《おおぎまち》天皇は左大臣の官職を与えようとしたが、信長はこれを拒否している。さらに信長は正親町天皇の退位と誠仁《さねひと》親王の即位を促したが、これは織田家に都合のいい天皇を即位させて、朝廷を傀儡《かいらい》にしようと考えたらしい。

伊勢長島の一向一揆を描いた錦絵。天皇の仲裁によって、信長は一向宗のトップである本願寺と和睦にこじつけた（歌川芳員「太平記長嶋合戦」部分）

これで関係が決裂したわけではないが、両者の間に緊張がはらんでいたことは事実だろう。

なお、**朝廷への威圧行動ととらえられる御馬揃は、実際には天皇の要請で行ったもの**だ。そのため、天皇や皇族は恐れるどころか、大いに楽しんだという。

その後も、天皇や朝廷は、京を事実上支配する信長に対し、官職を与えようとしている。

1582年3月に武田氏が滅び、織田家の実力が全国に知れ渡ると、朝廷は信長に太政大臣《だいじょうだいじん》、征夷大将軍、関白のいずれかに就任するよう要請している。いわゆる「三職推任《さんしょくすいにん》」である。朝廷の使者は安土城で「将軍になさるへきよし」と伝えたことから、天皇の意志は将軍推任で固まっていたようである。

信長は答える前に本能寺で死亡したが、もし生きていたら征夷大将軍となり、織田幕府を開いた歴史もあり得たかもしれない。

22

徳川家康が朝廷に厳しい態度で臨んだというのはウソ

通説

江戸幕府の開設にあたって、徳川家康は朝廷を厳しく統制した。禁中《きんちゅう》並《ならびに》公家《くげ》諸法度《しょはっと》で天皇と公家を政治から切り離し、官位や改元の決定権をも剥奪《はくだつ》。後水尾《ごみずのお》天皇を即位させるため皇室への介入も行った。全ては天皇の権威を利用されて滅亡した過去の幕府の失敗を繰り返さないためだ。家康が朝廷に厳しい態度で臨んだことで、江戸幕府は200年以上も維持されたのである。

後水尾天皇（左／宮内庁所蔵）と徳川家康（右／大阪城天守閣所蔵）

真相

即位に介入するなど強硬姿勢も見せてはいたが、**家康に限れば穏健な態度で朝廷に接していた**。天皇の威厳は家光の時代まではある程度保たれており、言いなりにできる存在ではなかった。実際、幕府が家康の死後に東《とう》照《しょう》大権現《だいごんげん》の神号《しんごう》勅許《ちょっきょ》を求めた際にも、朝廷の反対でスムーズには得られなかった。

朝廷と家康の共存政策

幕府の長を「将軍」と呼ぶが、正式名称には征夷大将軍であり、この称号を与えるのは朝廷だ。そのため建前上は、武家は天皇よりも立場が下で、天皇の意向に逆らえば、幕府崩壊の危険性は高くなる。後醍醐《ごだいご》天皇が鎌倉幕府討伐を主導できたのも、「武家の棟梁の任命権がある」という大義名分を有していたからである。

天皇は政治的・軍事的な権力を失っても、武家に匹敵する権威は保持し続けた。逆にいえば、その権威を無力化すれば、政権は安泰となる。そこで江戸幕府は天皇を政治権力から切り離し、政権の安定化を図ったのである。

そのために徳川家康は、禁中並公家諸法度の制定や京都所司代《しょしだい》の設置により、朝廷を徹底的に支配したというのが通説だ。しかしこの通説にも、現代では疑問が呈されている。

確かに、徳川家が朝廷に厳しく挑んだのは事実であり、家康も朝廷運営に幾度も関与した。しかし家康の天皇政策は、後の幕政と比べればまだ穏便な方だった。

関ヶ原の戦いに勝利した家康は、豊臣家に味方した西軍諸将の処分を進める一方で、**天皇や公家の領地は加増した**。これにより、天皇領は約1万石、公家の領地は全て合わせて約3万80石にまで回復。さらに、幕府は後陽成《ごようぜい》天皇の譲位に備えた院御所の造営を主導し、その後に御所《ごしょ》の拡張まで受け持っている。

後水尾天皇の後継問題でも、家康は後陽成天皇の説得に1年も費やし、譲位後は上皇に2000石を進献している。家康は朝廷に強気一辺倒ではなく、一定の配慮を示していたのだ。

なぜ家康は、朝廷に対して配慮を見せることがあったのか？　それは、当時の社会情勢が影響している。

この当時、豊臣家はいまだ健在で、幕府の体制は盤石ではなかった。**天皇家は豊臣家と強い繋が**

後陽成上皇（左／泉涌寺所蔵）と徳川秀忠（右／松平西福寺所蔵）

りがあったため、対応には配慮せざるをえなかった。天皇を無下に扱えば親豊臣の立場を強め、豊臣家に徳川家討伐の大義名分を与えるかもしれなかったからだ。

朝廷統制の法案とみなされてきた禁中並公家諸法度にしても、現在では戦国時代に乱れた秩序の再編も目的にしていたとみられている。

家康死後、2代将軍秀忠は遺言に従い、家康に神号を贈ろうとした。そのためには、朝廷から神号を賜らなければならない。ところが朝廷は、既に院号《いんごう》（戒名《かいみょう》）を下すことを検討中だとして、幕府の要請を拒否したのである。後陽成上皇も神号の奏請《そうせい》に難色を示しており、幕府の計画は暗礁に乗り上げた。

結局、幕府の説得で「権現」の神号を賜ることになったが、決定が下されるまで3カ月近くも経っている。こんないざこざを経て幕府が朝廷への統制を強めていくのは、3代将軍家光の時代以降のことである。

23

天皇が江戸幕府に対して従順だったというのはウソ

通説

戦国時代に一定の権威を取り戻した天皇も、江戸時代には徳川幕府の支配下に置かれた。政治権力は「禁中並公家諸法度《きんちゅうならびにくげしょはっと》」に基づいて剥奪《はくだつ》され、朝廷に許された行為は儀礼と学問のみとなった。朝廷の専売特許だった改暦・改元の権利すら形骸化し、将軍の許可なしでは退位することもできない。江戸時代は天皇家にとって、戦国時代を超える冬の時代だった。

後光明天皇（左）と霊元天皇（右）（泉涌寺所蔵）。両天皇は朝廷儀式の復興に尽力し、霊元天皇の時代には重要儀式である大嘗祭を再開させることができた

真相

政治的実権こそなかったが、天皇は京文化の体現者として、文化的な権威を保っていた。それに**朝廷儀式の復興は江戸時代初期より試みられており、一部の運動は成功している**。さらには院政を強行して幕府に反抗し、幕政に口出しする天皇も存在していた。

幕府に抗う天皇たち

形のうえでは、江戸時代においても日本の君主は天皇であり、幕府は朝廷に代わって政治を委託された存在だった。徳川将軍家も各大名も天皇の臣下ではあったが、その主従関係は建前にすぎず、政治の実権を握っていたのは江戸幕府だった。

徳川家康が制定した禁中並公家諸法度で天皇は政治権力から切り離され、それまでの特権の大半が失われた。官位の任命権こそ持っていたが、選定は幕府の意向に沿う形で行われ、改暦や改元の権利すら事実上は失われた。幕政へ意見を述べることもできず、将軍の許可なしでは自身の退位すら行えない。いわば、江戸時代の天皇は、事実上幕府の支配下に置かれていた。

このように、天皇が幕末まで権威を失っていたのは事実である。しかし、**京文化の象徴的存在としての権威は高く、京に憧れる文化人からの尊敬も強いままだった**。朝廷は職人や芸能者などに「受領名」という官名を売っており、これを求める声は多かった。官名を得ても相応する仕事に就けたわけではないが、朝廷の財政改善に多少の影響があったし、受領名を通じて諸文化との繋がりを持ち、結果的に文化的権威を維持できたのだ。

それに朝廷は、悲願である朝廷儀式の復興も、一部達成している。独力での復興は難しかったが、幕府と幾度も衝突しながら、天皇たちは目標をかなえた。幕府に反抗し、朝廷の政治的権威の復権を目指した後光明《ごこうみょう》天皇や、朝廷で最も重要な儀式である大嘗祭《だいじょうさい》の復活を実現した霊元《れいげん》天皇が、その代表である。

後光明天皇は22歳という若さで崩御《ほうぎょ》したが、霊元天皇の時代には、200年以上も途絶えた大《だい》嘗祭《じょうさい》などを復興させることができた。幕府が支援しなかったので小規模となったものの、朝廷権威回復へ向けた大きな一歩だった。退位して上皇となった際は自らが朝廷の実権を握り、幕府が禁じていた院政を6年も行うなど、徳川家への対抗心は強かった。

光格天皇を載せた輿（「桜町殿行幸図」国立公文書館所蔵）。退位して上皇の御所へ向かう場面を描いている

その後、幕府と朝廷の大きな対立はなかったが、18世紀後半、光格《こうかく》天皇が前代未聞の出来事を起こした。大飢饉に苦しむ庶民の嘆願を受けて、幕府に庶民救済を求めたのである。

これは**幕政への口出し**を意味しており、大名であっても許されない行為であった。

しかし、幕府が反発した形跡はなく、むしろ天皇の要請を受け入れ、備蓄米を民間に放出している。**この時期の幕府は天災や政治不安で力を弱めていたため、朝廷との結びつきを強化することで復権を図ろうとした**のだ。一時的とはいえ、江戸時代初期と立場が逆転したような状況である。

このように、天皇は幕府の強い影響下にあったものの、言いなりにはならず、時には反発することもあった。そして武士たちの間で天皇を敬う尊王思想が常識化すると、天皇は幕府に勝る権威を手にするのである。

24 昭和天皇が平和主義者だったというのはウソ

通説

昭和天皇は、太平洋戦争直前の日本中枢において、数少ない平和主義者だった。若き日に欧州を外遊《がいゆう》して第一次大戦の爪痕を目の当たりにし、戦争の悲惨さを実感していたからである。政治介入を続ける軍部に不信感を抱いていたが、自身が政治に口出しすることには躊躇《ちゅうちょ》して、陸海軍の暴走を止めることができなかった。戦時中は重要な軍事情報を隠蔽《いんぺい》され、陸海軍の傀儡《かいらい》として都合よく操られていたのである。

皇太子時代の昭和天皇（右から３人目）。1921年の西洋視察時に撮られた（「皇太子殿下御渡欧記念写真帖」国会図書館所蔵）

真相

昭和天皇に平和を重んじる一面はあったが、**太平洋戦争中は、自らの意思で軍事行動拡大を促すこともあった**。日中戦争などでも陸海軍の作戦に関する情報は事細かに伝えられており、自ら作戦方針に口出しすることも少なくはなかった。

天皇と軍部の真の関係

軍部の独走に反対したが、力及ばず傀儡となった悲劇の平和主義者。昭和天皇は、そうした穏健的な人物だったというイメージが根強い。

青年時代に欧州外遊で大戦の被害が色濃い各国を垣間見たことで、天皇が戦争の悲惨さを痛感し、軍部に抑制するよう促したことは事実である。対米戦が不可避となっても最後まで外交交渉を優先するよう軍部に助言し続けた。しかし、政治介入を嫌っていたこともあって軍部を抑えきれず、戦時中は軍部の操り人形となったと思われてきた。

だが、昭和天皇は平和一辺倒の理想主義者ではなかった。軍部を忌み嫌っていたわけではなく、戦時中は積極的に軍事行動に関して意見を出していた。

天皇が軍の統帥権を握る大日本帝国では、作戦案の実行には必ず昭和天皇の許可が必要だった。軍部が都合のいい情報で誤魔化したイメージがあるがそれは誤りで、実際には作戦の詳細や戦地の状況を細かく天皇に伝えていた。**天皇は形式的に報告を聞いていたわけではなく、時には疑問点がなくなるまで質問していた**ことがわかっている。戦況が圧倒的に不利になっても戦闘継続を求めたこともあったぐらいだ。

たとえば沖縄戦では、戦況は不利だったが陸軍に総攻撃を決断させ、1945年2月に近衛文麿《このえふみまろ》元首相が終戦交渉を上奏しても、戦果が乏しいために降伏はできないと拒否している。あくまでも、日本にとって有利な状況をつくりだすことを求めていた。

こうした決断には、天皇制を維持したいという思いが影響していたのかもしれない。

昭和天皇がヨーロッパ外遊で覚えたのは、平和の尊さだけではない。敗戦国の王族が力を失い、帝政が崩壊した現実も目の当たりにしたのだ。

この事実は、日本の王族である昭和天皇を不安にさせたことだろう。もしも日本が欧米諸国との

代々木練兵場（現代々木公園）において陸軍の観兵式に参加する昭和天皇

戦争に負ければ、皇室が厳しく処分されるのは必須だ。事実、戦後のアメリカ世論は昭和天皇への厳しい処分を求めていた。下手をすれば、世界最長の王室が消滅する可能性すらあった。だからこそ、**降伏する際に譲歩を引き出せるよう、昭和天皇は軍部の戦果拡大を容認したと考えられる**。

戦争末期の政府や軍部も、降伏するにしろ天皇制の維持を優先すべきだと考えており、その意味では、天皇、政治家、軍人の思惑は根本で一致していた。しかし、沖縄戦では敵に大打撃を与えられず、本土決戦になったとしても勝利する望みは薄かった。

こうした事態を受け、天皇は勝つ見込みがないと悟り、戦争終結に向けて動き出した。軍部の急進派は戦争継続を主張したが、昭和天皇は降伏の意志を固め、8月10日にポツダム宣言受諾を決定。14日に無条件降伏を受け入れた。

天皇即位の様子を描いた図（「御即位図（写）」国会図書館所蔵）。7世紀以降、仏教の価値観が朝廷儀式に反映されるようになり、11世紀頃には即位儀礼も仏教式になっていった

第三章

即位・儀礼にまつわるウソ

25

今上天皇が126代目の天皇にあたるというのはウソ

通説

天皇家は2600年以上も続く世界最古の王室で、その歴史は神武《じんむ》天皇から始まった。ヤマト王権が成立すると神武天皇が初代天皇となり、第10代崇神《すじん》天皇の時代に全国平定をほぼ完了。その後も天皇家の系譜は途切れることがなく、2019年に即位した今上《きんじょう》天皇は126代目にあたる。まさに天皇家は、2000年以上も血統を受け継いできた最長の王家なのである。

「記紀」に初代天皇として記される神武天皇（中央）

真相

神武天皇から開化《かいか》天皇までの9代は実在性が疑問視されているし、北朝の天皇のようにカウントされない天皇もいる。**歴史学的な観点では、今上《きんじょう》天皇が１２６代目とは言い切れない**。

歴代に含まれない天皇たち

２０１９年5月1日、日本に新たな天皇陛下が即位した。今回即位した今上天皇は第１２６代にあたり、その歴史は神武天皇から数えて２６００年以上にもなる。まさに世界最長の王家である――と、言いたくもなるが、歴史学上では正しいとはいえない。なかには実在性が疑問視されている天皇も少なくないし、さまざまな理由で除外された天皇もいるからだ。

存在しなかったと有力視されるのは、２代綏靖《すいぜい》天皇から9代開化天皇までの8人だ。これらの天皇について記された史料は『古事記』と『日本書紀』だが、実績は記されず、在位期間も平均60年以上と長く「欠史八代《けっしはちだい》」と呼ばれる。初代の神武天皇にしても、即位したとされる紀元前660年は中国の春秋《しゅんじゅう》戦国時代であり、秦《しん》の始皇帝《しこうてい》が中国を統一する439年も前。そんな時代に倭国と呼ばれた日本に王朝が存在したとは考え難いし、他に信憑性の高い史料も遺跡も存在しない。

他にも暴虐の限りを尽くしたとされる武烈《ぶれつ》天皇など、**実在が疑われる古代の天皇は何人かおり、その分、代数のカウントは省かれる。**逆に明治時代以前まで、仲哀《ちゅうあい》天皇の皇后《こうごう》である神功《じんぐう》皇后を第15代天皇とみなす史書も存在するし、清寧《せいねい》天皇のあと飯豊青皇女《いいとよあおのひめみこ》が即位したとする史書もある。

また、**実在したのは確実だが、皇統にカウントされない天皇もいる。**まずは北朝の天皇だ。室町時代初期に分裂した南朝と北朝のうち、どちらの皇統が正統か長年議論されていた。1911年には、南朝と北朝を同等に扱った教科書が保守派に批判されて、執筆責任者が休職処分になったほどである。この事件を受けて、明治天皇が同年に南朝を正統とする裁可をしたことで、北朝の天皇は皇統から除外された。なお、この決定を踏まえて戦前では南北朝時代を吉野朝時代と呼んでいた。

代数に含められなくなったのは、光厳《こうごん》天皇、光明《こうみょう》天皇、崇光《すこう》天皇、後光厳《ごこうごん》天皇、後円融《ごえんゆう》天皇の5人。後小松《ごこまつ》天皇も北朝出身だが、在位中に南北が合一したので皇統に含まれている。

この他に歴代から除外された天皇には**「追尊《ついそん》天皇」**がいる。追尊天皇とは皇位につかなかった皇族

早良親王をはじめとした怨霊を鎮める京都の下御霊神社

に死後贈られる称号のことで、生前に譲位しなかったのでカウントされないというわけだ。歴史上で天皇号を死後に与えられたのは全部で6人。その大半は、天皇となった息子が即位できなかった父親に死後追号したものだ。

しかしなかには、**怨念を鎮めるために天皇とされた皇族もいる**。それが早良《さわら》親王だ。早良親王は桓武《かんむ》天皇の弟だったが、７８５年の藤原種継《たねつぐ》暗殺事件への関与を疑われて幽閉された。親王は無実を主張したが桓武天皇は耳を貸さず、淡路島への流罪が決定。その道中に死亡した。

事件に関与したかは不明だが、この憤死以降、皇族の変死や災害が多発する。桓武天皇は異変を早良親王の祟《たた》りとして恐れ、８００年に崇道《すどう》天皇の称号を送り、その怒りを鎮めようとした。一説には、７９４年の平安京遷都も親王の祟りを恐れてのことだとされている。

こうした理由から、今上天皇は必ずしも、１２６代目とはいえないのだ。

26 即位の礼が神式で行われてきたというのはウソ

通説

天皇の主たる宗教は、日本の伝統的信仰の神道《しんとう》である。天皇は神道と同一の存在とみなされることが多く、宮中儀式は日本古来の信仰に根差したものだった。その最たるものが「即位礼正殿《そくいれいせいでん》の儀《ぎ》」だ。皇位を継承するこの儀式では、三種の神器を天皇の御前《ごぜん》に並べ、「高御座《たかみくら》」という玉座《ぎょくざ》に上がって天孫降臨《てんそんこうりん》を再現する。まさに皇室と神道の繋がりを重んじた伝統行事なのである。

江戸時代の即位の様子。右奥に見えるのが高御座（「御即位図」東京国立博物館所蔵／出典：ColBase）

真相

近代以前の日本では神仏習合の影響が色濃く、**天皇家は仏教を深く信仰していた**。宮中祭祀にも仏教の要素が多分に取り入れられ、即位の礼でも「即位灌頂《かんじょう》」という仏教的儀式が行われていた。

即位の礼と仏教儀式

天皇は古代より、神に国土安定と朝廷の繁栄を祈ってきた。この祭祀《さいし》をもとに生れたのが神道だ。現在の皇室で行われる宮中祭祀も神道に基づいており、当然ながら即位の礼も神道式だ。

２０１９年10月22日に行われた「即位礼正殿の儀」も、神道色が強い儀式だった。皇居正殿で行われた儀式では、今上《きんじょう》天皇の即位を国内外に宣言するとともに、三種の神器（一部レプリカ）が並べられる。天皇が上がる高さ約6メートルの「高御座」は天孫降臨を再現しているともいわれ、神道と一体化した皇室の特徴をよく表現しているように見える。

しかし「即位礼正殿の儀」とは、実は**明治時代に原形ができた比較的新しい儀式**である。江戸時代までは当然、方式が異なり、神道以外の要素も取り入れられていた。その要素というのが仏教だ。

現在でこそ、天皇は神道を重んじており、宮中祭祀にもその信仰は反映されているが、江戸時代までは仏教を深く信仰していた。しかも明治の神仏分離令まで、仏教と神道の境は非常に曖昧だったのだ。

神仏が同一であるとする思想と習慣は「神仏習合（神仏混淆《こんこう》）」と呼ばれ、皇祖神《こうそしん》・天照大神《あまてらすおおみかみ》などの神々も御仏《みほとけ》の化身であると考えられていた。宮中祭祀においても仏教的な解釈が進み、即位儀礼の中にも仏教的儀式が組み込まれていった。

新天皇の即位後には供物《くもつ》を神々にそなえる大嘗祭《だいじょうさい》が執り行われるのだが、かつては**「一代一度《いちだいいちどの》仁王会《にんのうえ》」**という行事も行われた。この行事は、大嘗祭の翌年に実施されていた仏教行事である。宮中や全国各地の寺々に100以上の高座を設け、国家元首の在り方を示した仁王経という経典を読んで新天皇の即位を祝うのだ。7世紀から8世紀頃に始まったというが、13世紀頃に断絶したとされている。

一方、鎌倉時代に始まり幕末まで続いた仏教儀式もある。即位儀礼の中で行われた**「即位灌頂」**

大正期から阪府洋学校などで授業に使われていた教材の一種。大嘗祭の一場面を描いている（「御即位大礼掛図：大嘗祭悠紀殿渡御之儀」京都大学吉田南総合図書館所蔵）

と呼ばれるものである。秘密の教義や儀礼を重んじる密教の儀式で、即位の礼の中で高御座に上がった新天皇に、側近が真言《しんごん》と印契《いんげい》を伝授するのが主な内容だ。

もっとも、この流れは文明年間（１４６９～８７）に書かれた「天子《てんし》即位灌頂」に基づくもので、時代や書物によって方法は若干異なる。日本で初めて行われたのは、１２８８年における伏見《ふしみ》天皇の即位の礼とされているが、１０６８年の後三条《ごさんじょう》天皇即位式だとする説もある。また初期は実施されないことも多く、即位灌頂が通例となったのは北朝２代光明《こうみょう》天皇からだ。

大嘗祭は朝廷が財政難に陥った武家の時代に一時断絶したが、即位灌頂はその後も継続。明治の神仏分離まで途絶えることはなかった。神道を重んじる現代の宮中祭祀とは違い、仏教との一体化を重んじていた近代以前では、即位の礼にも仏教の要素が取り入れられていたのである。

27

天皇の儀礼が古くからの伝統を引き継いでいるというのはウソ

通説

朝廷内で行われてきた祭祀は、古代からの伝統を引き継いでいる。皇極《こうぎょく》天皇が始めたと伝わる即位儀礼・大嘗祭《だいじょうさい》がいい例だ。一時は仏教の影響を受けたものの、根本的な祭祀《さいし》の考え方は、古くから変わっていない。天皇家の儀礼は、神話の時代より連綿と続く伝統を今に伝えているのだ。

朝廷の祭祀が行われる宮中三殿（「宮中三殿並三大祭典御図」京都大学吉田南総合図書館所蔵）

真相

現在の宮中祭祀の大半は、明治維新後につくられた。なかには、神嘗祭《かんなめさい》のように**他神社の神事を宮中祭祀として移設したケースもある**。天皇家の権威向上を図るべく、宮中祭祀は国事として行われていたのだ。

意外と浅い宮中祭祀の歴史

天皇の役割の一つに、神道に基づく祭祀によって、国家と国民の安寧を祈ることがある。戦前までは祭祀と祈りが最も重要な国事とされ、政教分離が憲法で定められた現代でも、皇室の私的行為として続いている。

祭祀は、主に天皇自らが執り行う「大祭」と、掌典《しょうてん》長《ちょう》らが代行する儀式に天皇が拝礼する「小祭」に分けられ、その数は年間を通じて30以上にもなる。主に皇居内の宮中三殿《きゅうちゅうさんでん》という三つの社殿で行われ、ここではほぼ毎月何らかの儀式が行われている。男性皇族の成年式や新天皇の即位の礼のような、皇族に関する儀礼も多い。テレビで報じられる機会も多いため、イメージできる方は多いのではないだろうか。

古くからこんな伝統が続いてきたのかと思わせるが、実際のところ、こうした宮中祭祀の歴史は非常に浅い。明治時代に神仏分離令が発布されるまで、朝廷の祭祀はほとんどが仏式で行われていた。御所内には仏壇が置かれ、4月8日は釈迦《しゃか》の誕生日として、宮中に僧侶を召すことが慣習化していた。天皇の大喪も、実に1000年近い間、仏教に則って行われていた。

平安中期に原形ができたという「四方拝《しほうはい》」や、最重要の祭祀である「新嘗祭《にいなめさい》」など、神道色を残した伝統行事は確かにある。しかし**歴史の古い祭祀はごく少数**で、1月3日の「元始祭《げんしさい》」は1870年、4月の「神武《じんむ》天皇祭」は1860年から行われるようになった新しい祭祀である。2月の「祈年祭《きねんさい》」のように、何百年もの断絶を経て近代以降に再興されたものもある。10月に行われる「神嘗祭」に至っては、伊勢神宮の神事を宮中祭祀として再編したものだ。要するに、本当に古くからおこなわれていた宮中祭祀は少数で、大半の歴史は200年ほどに過ぎないわけだ。

武家が台頭して朝廷が衰退すると、それまで続いていた祭祀の大半が独力ではできなくなった。祭祀復興を掲げる天皇もいたが幕府の存続中は叶わず、機会が巡ってきたのは江戸幕府の滅亡後。**伊藤博文がヨーロッパ訪問中、キリスト教を中心として国民の意識がまとまっている様子を見て宗教の重要性を認識し、帰国後に祭政一致と神道の国教化を計画して以降だ。**

伊藤博文（左）と明治天皇（右）。伊藤をはじめとした政府の要人は、天皇中心の国づくりの一環として、宮中祭祀の整備を進めた

これらは仏教界への配慮もあって失敗するが、廃れていた祭祀の多くが再興され、宮中三殿が旧江戸城（現皇居）に建てられた。そして1908年に、宮中祭祀のルールを定める**「皇室祭祀令」**が公布される。これにより、天皇の祭祀は大祭と小祭に分けられ、日にちと種類も決められた。内容は現在のものと全く同じ。現在の宮中祭祀の原形はこのときつくられたのである。

新憲法公布に伴い、皇室祭祀令は廃止されたため、宮中祭祀を行う法的な理由はなくなった。しかし宮内府（現宮内庁）は「新規定がなければ前例に準ずる」という通牒《つうちょう》を発して新憲法下での実施を求めた。連合国軍総司令部（GHQ）も、祭祀は基本的に非公開だったことから天皇の私生活での行事として続行を認めている。こうして宮中祭祀は廃止の危機を脱した。現在でも宮内庁は宮中祭祀を「宮中のご公務」に位置付けており、天皇と祭祀の密接な関わりを保ち続けている。

28 崇神天皇が実は初代天皇というのはウソ

通説

系譜上、初代天皇とされている神武《じんむ》天皇は、創作上の人物であると考えられている。同じように創作とされる天皇は何人かいるが、第10代崇神《すじん》天皇からは実在したと考える向きが有力だ。また、神武天皇と崇神天皇の和風の称号が似ていることなどから、崇神天皇をモデルに神武天皇が創られたという説も、支持を集めている。

奈良県天理市にある行燈山古墳。崇神天皇の陵墓とされている

真相

神武天皇が実在しなかった可能性は非常に高いが、崇神天皇と同一人物であるとの説は史料的根拠が乏しく、決定打に欠けている。

また崇神天皇の実在を疑問視する説もあり、その実態に関しては、いまだ議論が続いている。

本当の初代天皇は誰か

「記紀」によると、初代天皇は神武天皇ということになっている。

日向国《ひむか》（宮崎県）から東征してヤマトの地を平定すると、初代天皇として王権を創り上げた人物。神話であって史実ではないと否定されて久しいが、ヤマト王権が実在の政治体制であった以上、必ず創設者、つまりは初代天皇がいたはずだ。これまではその人物を、崇神天皇だと考える説が注目されてきた。

東征や簡単な経歴しかないそれ以前の天皇とは違い、「記紀」には崇神天皇に関する記述が豊富である。蛮族討伐のため各地に軍を派遣したことや、現物による課税制度導入、戸口調査の実施、宮中に祀《まつ》る天照大神《あまてらすおおみかみ》を皇居外に遷《うつ》したことなど、崇神天皇は軍事から経済までの基礎を固めたという。これらの点から、崇神天皇こそが真の初代天皇ともいわれているのだ。

また、神武天皇を創造するにあたって、崇神天皇がモデルにされたという考え方もある。

両者の関係性を示すのが、贈り名である。天皇は死後に諡号《しごう》という贈り名がつけられる。漢風と和風の二種類があるが、『日本書紀』における崇神天皇の和風諡号は「初めて国をまとめた天皇」を意味する「ハツクニシラススメラミコト（御肇国天皇）」。一方の神武天皇の和風諡号「始馭天下之天皇」も読みは全く同じだ。意味も「初めて天下を治めた天皇」と似通っている。このような共通点から、崇神天皇は神武天皇と同一人物か、モデルになったという説は、半ば通説となっている。

だが、同一人物説にも異論はある。諡号や即位の年齢が同じだけで、それ以外に史料上の証拠はないからだ。そもそも「天下」という概念は後世のもので、「始馭天下之天皇」の諡号は『日本書紀』の編者かそれ以降の何者かが創作したことを示している。「天下」は「国」より上の概念で、支配の正当性を主張するにはぴったりの言葉だ。**両天皇の諡号が同じなのは、ヤマト王権の歴史を長く見せるため、崇神天皇とほぼ同じ意味の贈り名を神武天皇につけたのではないか。**そんな指摘もある。

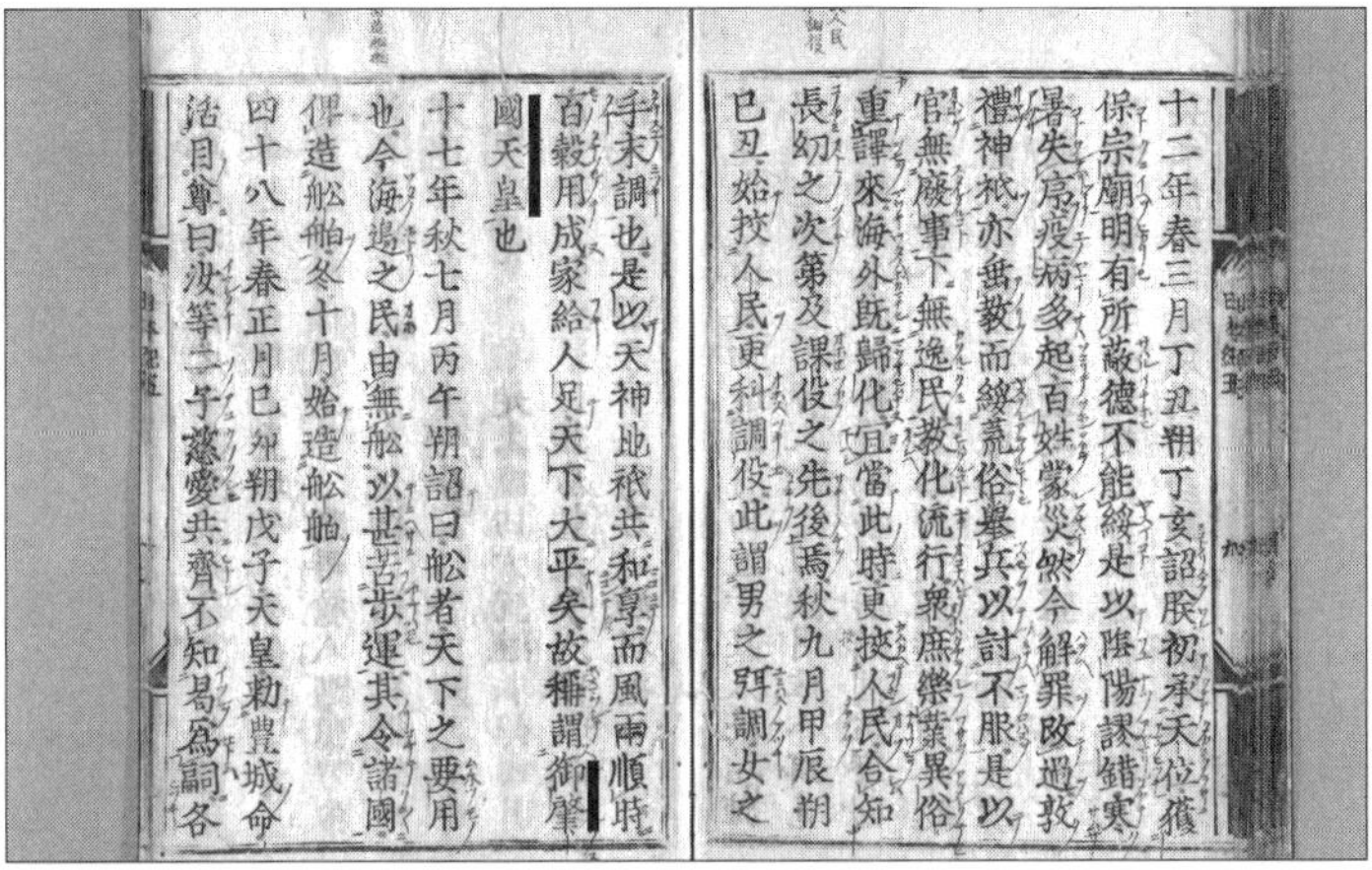
十二年春三月丁丑朔丁亥詔朕初承天位獲保宗廟明有所蔽德不能綏是以陰陽謬錯寒暑失序疫病多起百姓蒙災然今解罪改過敦禮神祇亦垂教而綏荒俗擧兵以討不服是以官無廢事下無逸民教化流行衆庶樂業異俗重譯來海外既歸化宜當此時更校人民令知長幼之次第及課役之先後焉秋九月甲辰朔己丑始校人民更科調役此謂男之弭調女之手末調也是以天神地祇共和享而風雨順時百穀用成家給人足天下大平矣故稱謂御肇國天皇也

十七年秋七月丙午朔詔曰船者天下之要用也今海邊之民由無船以甚苦步運其令諸國俾造船舶冬十月始造船舶

四十八年春正月己卯朔戊子天皇勅豊城命活目尊曰汝等二子慈愛共齊不知曷爲嗣各

『日本書紀』における崇神天皇に関する記述。「御肇国天皇」（太線部分）という諡号が贈られたとある（国会図書館所蔵）

さらに身も蓋もないことを言うと、崇神天皇が本当に実在したのかも、定かではない。**崇神天皇の存在を証明する史料は「記紀」しかなく、本当に統治者として君臨したかは不明**だ。4~5世紀頃までは大陸との外交関係が不明瞭であるため、中国の史書などとの照らし合わせもできない。また、実在しなかったとされる天皇と同じく、在位年数が68年と長く、崩御《ほうぎょ》時の年齢は120歳（古事記では168歳）と非現実的である。崇神天皇が初代天皇である可能性はあるものの、確実だとは言い切れないと思っていたほうがいい。

では、実在が確かな最古の天皇はいったい誰か。5世紀に入ると『宋書《そうじょ》』に、倭国の大王《おおきみ》が5代続けて朝貢《ちょうこう》してきたとの記録があり、最後の王である武《ぶ》は、雄《ゆう》略《りゃく》天皇であることが考古学的にも確実視されている。史料が少ない以上、それ以前がどこまでさかのぼれるかは、限界があると考えたほうがいいだろう。

29

推古天皇以前に女帝がいた可能性はないというのはウソ

通説

天皇は男性が多いものの、長い歴史のなかで女性が即位した事例もある。最初に即位した女性天皇は飛鳥時代の推古《すいこ》天皇だ。推古天皇は第30代敏達《びだつ》天皇の皇后《こうごう》だったが、第32代崇峻《すしゅん》天皇の暗殺に伴い、即位が決定。それまでに女性が皇位についた前例は、「記紀」には記されていない。明治時代までに合計10代、人数にして8人続いた女性天皇の歴史は、推古天皇から始まったのである。

奈良県葛城市にある北花内大塚古墳。飯豊青皇女の陵墓とされている

真相

即位が確実視されている女性天皇は推古天皇が最古だが、それ以前に女性天皇がいた可能性も、ゼロではない。**「記紀」には、推古天皇以前に即位していたと読み取れる女性が記されている**からだ。それが飯豊《いいとよ》青《あおの》皇女《ひめみこ》で、清寧《せいねい》天皇の崩御《ほうぎょ》後に政務を主導したと伝わる。

真の最古の女帝は誰か

2020年11月の時点で、今上天皇より年下の男子皇族は、天皇の弟である秋篠宮文仁《あきしののみやふみひと》親王と、親王の長男である悠仁《ひさひと》親王の二人しかいない。将来の後継者不足を懸念して女性天皇の即位を認めるべきだという議論が折に触れて話題になるが、皇室の規定を記した「皇室典《こうしつてん》範《ぱん》」では女性天皇を認めておらず、一部では反対する声も根強いため、実現するのは簡単ではない。

しかし歴史を振り返ると、女性天皇は少なからずいた。天武《てんむ》天皇の妃だった持統《じとう》天皇や、二度天皇位についた孝謙《こうけん》天皇（称徳天皇）などがそうだが、最も有名なのは、最古の女性天皇として知られる推古天皇だろう。

崇峻天皇が暗殺されると、次代天皇についての協議が朝廷内で行われた。候補となったのは、蘇我氏の推す厩戸皇子《うまやとのみこ》（聖徳太子）と、炊屋姫《かしきやひめ》の息子である竹田皇子である。しかし結局、どちらも皇位にはつかず、炊屋姫が即位することになる。こうして、女帝である推古天皇が誕生することになった。

蘇我氏の支援を受けた推古天皇の治世は36年もの長期にわたり、その後も皇極《こうぎょく》天皇（斉明《さいめい》天皇に重祚《ちょうそ》）、持統《じとう》天皇、元明《げんめい》天皇、元正《げんしょう》天皇、孝謙《こうけん》天皇（称徳《しょうとく》天皇に重祚）、明正《めいしょう》天皇、後桜町《ごさくらまち》天皇と計10代、8人の女性天皇がいたことになる。その大半が集中することから7、8世紀は「女帝の世紀」とも呼ばれている。

そうした女性天皇の先駆けとされる推古天皇だが、実は「即位が確実な女性天皇」であり、それ以前にも天皇となった皇族女性はいたとする説がある。その皇族女性が、飯豊青皇女である。

『日本書紀』と『古事記』とでは記述が異なるものの、**第22代清寧天皇と23代顕宗《けんぞう》天皇の間に、飯豊青皇女が政務をとっていた**という記述は共通している。即位したと直接書かれてはいないものの、彼女が亡くなるまで顕宗天皇が即位しなかったことから、飯豊青皇女が即位していたとしても、

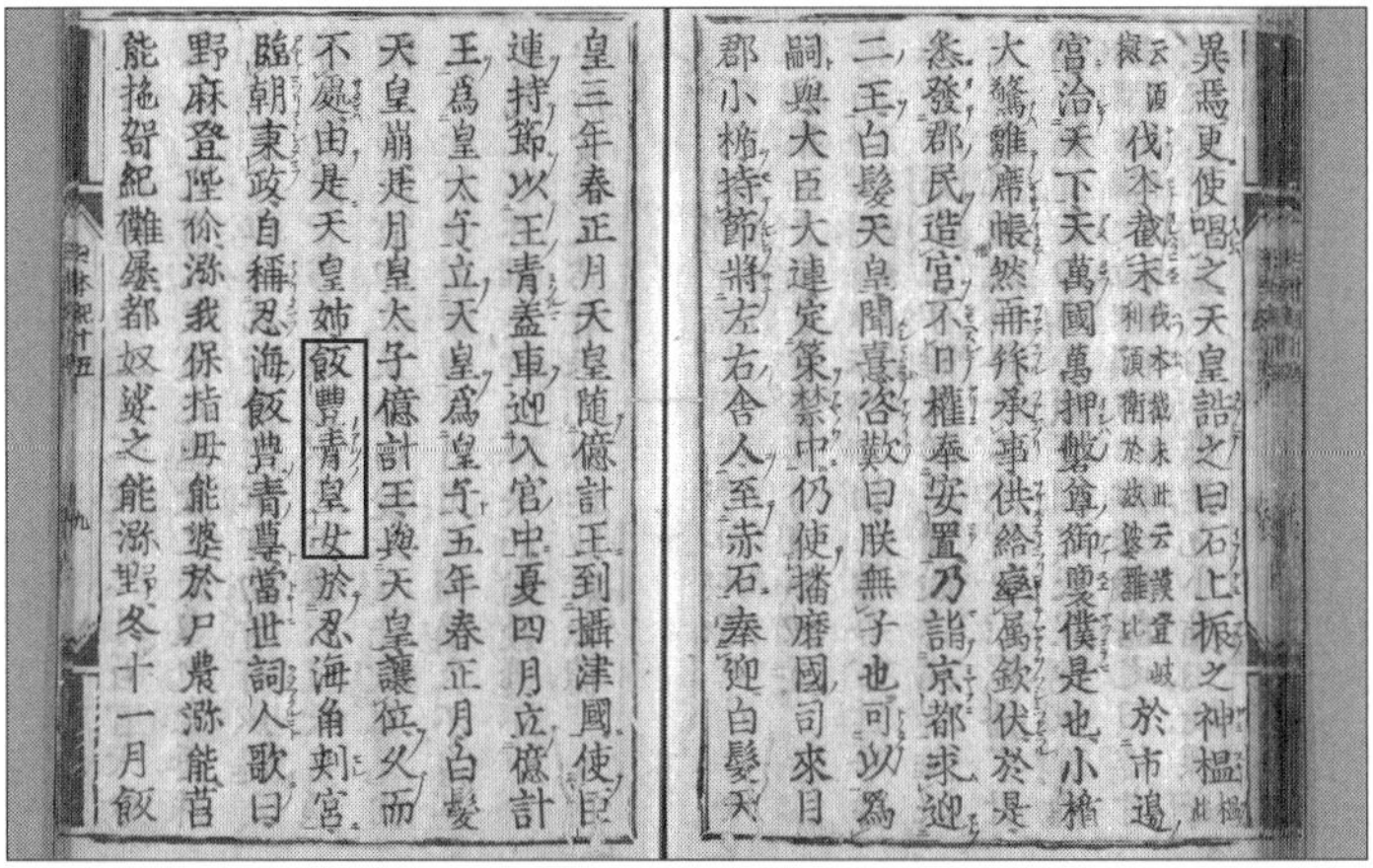

左側四角部分などに飯豊青皇女の名が見える。後継者候補の皇族が皇位を辞退し合ったため、彼女が忍海角刺宮で政務をとったという（『日本書紀』国会図書館所蔵）

おかしくはない。というのも、古代のヤマト王権には生前譲位の前例がない。**顕宗天皇の即位が遅かったのも、即位して天皇になっていた彼女が亡くなるまで、待つ必要があった。そんな風に考えることもできる。**

『扶桑略記《ふそうりゃっき》』や『本朝皇胤紹運録《ほんちょうこういんじょううんろく》』などにも「飯豊天皇」と記されており、『先代旧事本紀大成経《せんだいくじほんきたいせいきょう》』では「清貞《せいてい》天皇」という諡号まで残されている。さすがに史実とは言えないが、時代によっては、彼女を天皇とみなす価値観があったわけだ。こうした歴史を踏まえてだろう、明治時代には宮内庁では即位した天皇には含めないものの天皇の尊号は贈られ、現在でも宮内庁は「履中《りちゅう》天皇々孫女 飯豊天皇」と称している。

このように、**推古天皇は厳密に言えば最初の女性天皇ではなく、史料上確認できる最古の女性天皇**、というのが正確である。もしかすると彼女以前にも女性で即位した人物が何人か、存在したのかもしれない。

30

推古天皇は聖徳太子が即位するまでの中継ぎだったというのはウソ

通説

推古《すいこ》天皇は皇位にこそついていたが、政治的な権力は非常に弱かった。次の男性天皇が決まるまでの中継ぎでしかなかったからだ。最有力候補は聖徳太子だったが、推古天皇よりも先に亡くなったため、即位が実現することはなかった。だが、太子は事実上の指導者として「冠位十二階」や「十七条憲法」を制定。天皇本人に権力がなかったことで、古代日本の法的基礎は太子によって構築されたのだった。

推古天皇像（左／叡福寺所蔵）と伝聖徳太子像（右／「唐本御影」宮内庁所蔵）。推古天皇像は江戸時代に描かれた

真相

推古天皇はお飾りではなく、政治の中心的存在だった。**蘇我馬子《そがのうまこ》や太子は、推古天皇の協力者に過ぎなかった**と考えられている。政治を主導してきたと思われてきた聖徳太子は初めから即位が考えられておらず、数々の功績も疑問視されるようになっている。

実力者だった最古の女帝

最古の女帝とされる推古天皇は中継ぎの天皇でしかなかったと、かつては言われていた。誰の中継ぎかといえば、推古王朝の摂政・聖徳太子（厩戸皇子《うまやとのみこ》）である。聖徳太子は用明《ようめい》天皇の子で、崇峻《すしゅん》天皇が暗殺されると、蘇我馬子の支援で次期天皇候補に挙げられた。これに対して炊屋姫《かしきやひめ》は息子の竹田皇子を推薦。これにより議論が起こったため、若い両皇子に代わって、炊屋姫が推古天皇として即位した。その直後に竹田皇子が死亡し、厩戸皇子は次期天皇候補となったものの、当時は生前退位の前例がなかったので皇位につけず、そのまま推古天皇の存命中に病死した。もし推古天皇が先に崩御《ほうぎょ》していれば、次期天皇になっていただろう。このように理解されてきた。

そのため、推古天皇は蘇我馬子の傀儡《かいらい》で、各種の改革は蘇我馬子と聖徳太子が主導してきたとされた。しかし現在では、**推古天皇は操り人形などではなく、蘇我氏に対抗できるほどの権力を持っていた**と考えられるようになっている。

ヤマト王権で天皇が即位するには、**群臣による推挙と由緒ある血筋**が必要だった。その点で言えば、推古天皇は申し分ない。崇峻天皇、用明天皇とは兄弟関係にあり、異母兄である敏達天皇の皇后だ。父親も欽明《きんめい》天皇と、まさにエリート血統である。

政治手腕にも秀でており、仏教の興隆政策、大和各地への治水事業、朝鮮半島の混乱に乗じた新羅《しらぎ》出兵など内政や外交で幅広く手腕を振るった。蘇我氏の言いなりにはならず、葛城県《かつらぎけん》（奈良県南西部）を要求する馬子に対し、「私の治世でこの県を失えば、後世の帝には愚かな女と言われ、大臣も後世に悪名を残すであろう」と拒否したこともある。決して「お飾りの女帝」などではなかったと推測される。

聖徳太子が最後まで天皇になれなかった理由も、ここにある。太子は蘇我氏と血縁関係があり、政治力は非凡であったとされる。しかし、馬子に匹敵する権力を持つ推古天皇には、政治的な実力

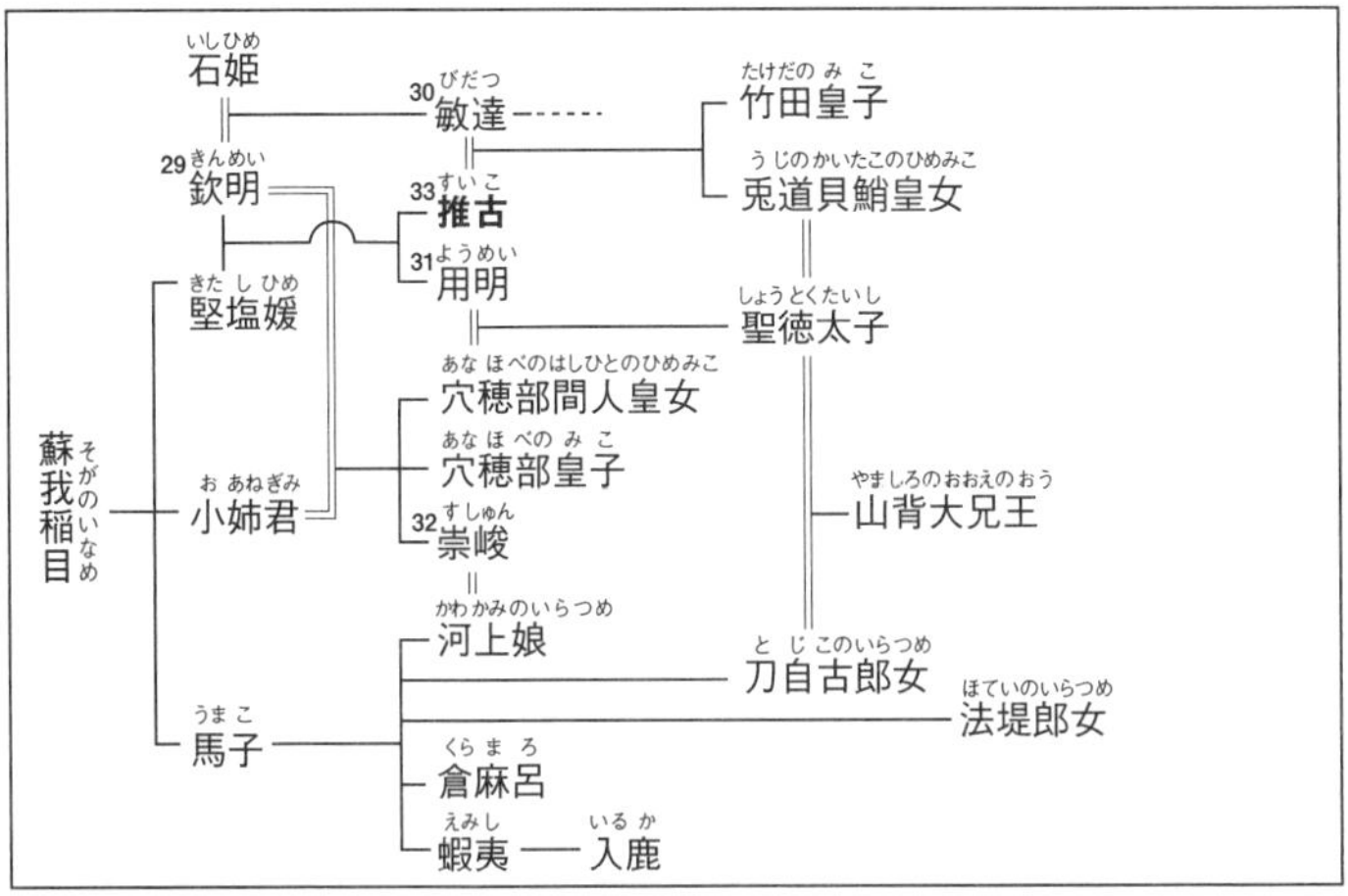

推古天皇の系図

で及ばなかったのだ。

そもそも聖徳太子の人物像は、一昔前と比べると大きく変化している。

歴史学者の大山誠一氏によると、聖徳太子は『日本書紀』の編纂《へんさん》過程でつくられた架空の人物であるという（厩戸皇子という皇族がいたことは否定していない）。太子の功績とされた「冠位十二階」は朝鮮半島の官位制度を参考に推古天皇がつくったもので、遣隋使は蘇我馬子が発案者だったと説いている。それに「十七条憲法」に至っては、天武《てんむ》天皇の時代以降につくられた説が有力だ。

こうした研究成果をふまえ、2002年頃を境に中高生向けの歴史教科書でも、「推古天皇が蘇我馬子や甥の厩戸王（聖徳太子）らと協力して国家形成を進めた」と書かれることが増えている。**モデルとなった厩戸皇子は実在したとされるが、『日本書紀』内で語られるような超人ではなかった可能性は、非常に高い。**

31 道鏡が称徳天皇を利用して天皇になろうとしたというのはウソ

通説

奈良時代、天皇の寵愛《ちょうあい》を受けて出世を果たした僧侶がいた。弓削道鏡《ゆげのどうきょう》である。道鏡は朝廷内での権力を握るため、孝謙《こうけん》上皇（のちに再び即位して称徳《しょうとく》天皇）の病治癒を利用して愛人関係を結ぶ。その寵愛を利用して法王《ほうおう》や太政大臣禅師《だいじょうだいじんぜんじ》にまで出世すると、神託《しんたく》を利用して皇位簒奪《さんだつ》まで計画。この企みは天皇の崩御《ほうぎょ》で失敗するが、天皇家が僧侶に乗っ取られていた可能性も否めないのだ。

江戸時代に描かれた道鏡に関する読み物の挿絵。称徳天皇を惑わした怪僧として描かれている（十返舎一九・作／歌川国安・画『弓削道鏡物語』国会図書館所蔵）

真相

道鏡が皇位簒奪を狙ったことを示す同時代の史料はなく、上皇との愛人関係に関する記述は後世の創作物にしかない。皇位を狙える地位にいたのは事実だが、**神託騒動の原因は上皇と道鏡に忖度した神社側の独断だった可能性が高い。**

天皇になりかけた僧侶

皇室に不敬をはたらいたことで、戦前に三悪人と称された歴史上の人物がいる。平安時代の関東で新皇《しんのう》を名乗った平将門《たいらのまさかど》、後醍醐《ごだいご》天皇を京から追放した足利尊氏、そして奈良時代の僧侶・道鏡だ。武力で朝廷に迫った前二者に対し、道鏡は天皇の寵愛を利用して皇位簒奪すら図ったとして、厳しく糾弾されていた。

通説によると、道鏡は河内《かわち》国（大阪府）出身の僧侶だとされている。若い頃から全国諸寺で修行を積み、内道場《ないどうじょう》（宮中の仏殿）への入場を許可されるほどの高僧となった。そして、朝廷内の政争に疲れた孝謙《こうけん》上皇が病になると、道鏡は彼女を親身に看病して、強い信頼を得ることになる。

この状況を危惧した藤原仲麻呂《なかまろ》は、道鏡排斥などを目的として挙兵したが、反乱は失敗。仲麻呂を支援していた淳仁《じゅんにん》天皇は廃位されて淡路へ配流となり、上皇が再度即位（重祚《ちょうそ》）して称徳《しょうとく》天皇となった。

称徳天皇は上皇時代に続いて道鏡を贔屓《ひいき》にし、一説には愛人関係すらあったといわれる。やがて太政大臣禅師や法王の地位を得た道鏡は、宇佐八幡宮《うさはちまんぐう》による「道鏡を皇位につかせよ」という神託を利用し、天皇の地位すら狙った。天皇が崩御して即位は失敗するものの、下手をすれば天皇家の血筋がこのときに変わった可能性もある。

事実であれば権力欲にまみれた悪僧だが、道鏡の皇位簒奪については不可解な点がいくつかある。天皇の死後、道鏡は親族もろとも下野薬師寺《しもつけやくしじ》に追放されるのだが、僧籍《そうせき》（僧侶の身分）は残されたままだった。**皇位を狙った反逆者への罰としては、軽いほう**だ。

また、簒奪計画を記した史料は大半が後世に書かれたもので、**天皇との愛人関係に関する記述も、史料的価値の低い書物にしか書かれていない**。正史である『続日本紀《しょくにほんぎ》』にしても、天皇や朝廷を悪者にしないように書くのが普通なので、脚色が加わっていると考えるべきだろう。

神託を確認するため宇佐八幡宮にやってきた和気清麻呂。清麻呂が神託とは反対の報告を朝廷にしたことで、道鏡の即位は叶わなかった

では、なぜ神託事件は起きたのか。現在有力なのは、称徳天皇と八幡宮の勇み足だったとする説だ。

実は、天皇や道鏡自身が即位のために動いたことは、一度もない。道鏡の即位は八幡宮の神託で初めて現実味を帯びたものの、この神託を得るために天皇らが裏工作したことを示す史料はない。

一方で、**天皇が「崇仏《すうぶつ》天皇」と呼ばれるほどに仏教を重んじており、道鏡を非常に優遇していたことは、朝廷内や有力寺社では有名だった**。こうした状況をふまえ、宇佐八幡宮が気を利かせた神託を出したのでは、というわけである。

道鏡本人に皇位簒奪の意思がなく、その証拠もなければ、道鏡が重罪にならなかった理由も、説明がつく。とはいえ死後1000年以上も経ってから三悪人の一人として非難されることになるとは、本人も想像はつかなかっただろうが。

32 皇極天皇は継嗣が定まらなかったので即位したというのはウソ

通説

皇極《こうぎょく》天皇が即位したのは、後継者問題がこじれたためだ。舒明《じょめい》天皇には3人の皇子がいたのだが、後継者が決まる前に崩御《ほうぎょ》してしまった。群臣の議論はまとまらず、やむなく皇后《こうごう》の宝皇女《たからのひめみこ》が皇極天皇として即位。次の天皇が決まるまでの中継ぎとして、皇位についたのである。

奈良県明日香村にある牽牛子塚古墳（けんごしづかこふん）。2009年に行われた発掘調査により、皇極天皇の陵墓ではないかと注目されている

真相

皇后とはいえ、出自が定かでない皇極天皇が皇子を差し置いて即位したことは、長年の謎だった。現在有力なのは、**舒明天皇と異母兄弟の関係にあって権力が強かった**という説や、**蘇我氏が政争回避のため、血縁の薄い宝皇女をあえて皇位に添えた**という説である。

出自不明の女性天皇

皇極天皇は、即位が確実視されるなかでは2番目の女性天皇だ。舒明天皇の皇后であり、乙巳《いっし》の変に参加した中大兄皇子《なかのおおえのみこ》の生母でもある。退位後に斉明天皇として初めて再即位（重祚《ちょうそ》）の前例をつくっており、天皇家の歴史でも重要な立ち位置にいる。

「記紀」によれば、皇極天皇の即位は想定外だった。舒明天皇は中大兄皇子を皇太子にしていたが、舒明天皇と蘇我氏の間に生まれた古人大兄皇子《ふるひとのおおえのみこ》と、厩戸《うまやとの》皇子の息子・山背大兄王《やましろのおおえのおう》も後継者候補であった。舒明天皇崩御後に群臣の間で協議が行われたがまとまらず、やむなく皇后が即位した。これが通説だ。

だが、皇極天皇の即位は、古代史の謎の一つでもある。ヤマト王権の皇位継承では血統が重んじられ、由緒ある出自でなければ群臣の支持は得られなかった。具体的には、皇子であっても、両親が「天皇＋皇族」でなければ安泰だとは言えなかった。蘇我馬子《うまこ》に並ぶ権力を握ったとされる推古天皇も、父や兄、夫は天皇だった。

ところが、皇極天皇はといえば、これがはっきりしていない。父は皇族出身とされてはいるものの、母親の吉備姫王《きびひめのみこ》は「記紀」に出自すら書かれていない。少なくとも皇女でないことは間違いなく、**当時の基準からすれば皇極天皇に即位する資格はなかったはず**だ。

にもかかわらず、なぜ皇位につけたのか。これについては、「あえて蘇我氏の血が薄い皇后を即位させて、皇位継承にまつわる無用な争いを避けるため」とする説もあれば、即位はなされず皇位空白が数年間続いた、とする説もある。いずれもありえそうな仮説だが、歴史学者の神崎勝氏はこれらとは異なる、興味深い仮説を立てている。皇極天皇が舒明天皇の兄妹だったとする説だ。

実は舒明天皇の母と皇極天皇の母は、『日本書紀』において同じ異名で記されている。舒明天皇の母・糠手姫皇女《ぬかでひめのひめみこ》には「嶋皇祖母命《しますめみおやのみこと》」という異名があり、664年6月に死去したという。対する皇極天皇の母親は、『日本書紀』の皇極2年の項目に「吉備嶋皇祖母命《きびしますめみおやのみこと》、薨（死去）」という一

奈良県桜井市にある段ノ塚古墳。舒明天皇の陵墓だとされている（提供：国土地理院）

文がある。9月に檀《ま》弓岡《ゆみのおか》の地で造墓が始まったが、突然の豪雨で中止になったという。この一致について、これまでは記事の重複とみられてきたが、両者が同一人物であると仮定すると、どうなるだろうか？

もしも皇極天皇が舒明天皇と兄妹関係にあったのなら、即位に関する疑問も解決する。**当時は兄弟間の皇位継承は普通のことで、天皇の妹となれば血筋は申し分ない**。中継ぎどころか、正当に後継者として遇された可能性もあるわけだ。

ただし、この説にも疑問点は残る。そのまま信じれば、二人は兄妹でありながら結婚したことになるからだ。近親婚が珍しくなかった当時でも、同母妹との結婚はかなり珍しい。それに同母兄妹婚が事実だったとしても、なぜ彼女の父親が皇族とされているのか、説明がつかなくなってしまう。少なくとも、複雑な政治的背景を踏まえて即位したことは、間違いないだろう。

33
藤原頼通は血縁の薄さから後三条天皇を疎んじたというのはウソ

通説

尊仁《たかひと》親王は、兄が後冷泉《ごれいぜい》天皇となったことで皇太弟《こうたいてい》となった。これに強く反対したのが藤原頼通《よりみち》だ。尊仁親王は藤原摂関家《せっかんけ》との血の繋がりが薄く、即位すれば摂関政治が崩壊する危険があった。頼通は24年間も親王に対して冷遇を続けたが、尊仁親王に代わる皇子が誕生しなかったので、親王が後三条《ごさんじょう》天皇として即位したのである。

大江匡房（左／「前賢故実」国会図書館所蔵）と後三条天皇（右／『御歴代百廿一天皇御尊影』）後三条天皇は摂関家ではなく匡房ら中級貴族を登用した

真相

藤原摂関家は170年も外戚《がいせき》を占めて天皇家との婚姻関係を脈々と繋いでおり、**後三条天皇も藤原氏と血の繋がりはあった**。血縁関係は反対理由の一つでしかなく、より重要な理由は、摂関家内の権力争いが激化したことに関係している。

摂関政治を終わらせた天皇

藤原家の氏長者《うじのちょうじゃ》が摂政・関白となって権力を握った摂関政治は、かなり不安定な体制だった。その基盤は、摂関家の女性が天皇の皇子を産むことで結ばれた、外戚関係にある。裏を返せば、男子を生まないだけで簡単に権力が消失する、極めて脆弱な構造だったのだ。

この弱点が如実に表れたのが、後冷泉天皇の時代である。関白・藤原頼通は娘の寛子《かんし》を入内《じゅだい》させていたが男子に恵まれず、弟の娘が生んだ皇子も早世してしまう。そこでやむなく、天皇の異母弟である尊仁親王が皇太弟となった。

当然、尊仁親王の即位は頼通にとって都合が悪い。親王の母親は藤原氏直系の女性ではなく、三条天皇の皇女・禎子内親王《ていしないしんのう》だった。摂関家を外戚としていないため、尊仁親王が即位すれば、藤原摂関家の権力が揺らぐ可能性すらあった。頼通は親王を24年間も冷遇したとされ、廃位を狙って出家工作を行おうとしたぐらいだから、相当に危機感を抱いていたのだろう。

ただし、頼通が尊仁親王を疎んだのは間違いないものの、血縁の薄さだけでは説明がつかないと、疑義が呈されている。

確かに、禎子は頼通兄弟の娘でも姉妹でもないが、祖父は藤原道長だ。頼通からすれば、藤原家の血を引く姪っ子ということになる。つまり、その子である尊仁親王も摂関家の血筋と無縁ではないわけで、これをもって後三条天皇の時代も外戚関係は維持されていたという説もある。

では、血縁関係がありながら20年以上親王と頼通が対立したのはなぜか？　背景には、**摂関家内部の主導権争い**がある。

摂関家とひとくくりにいっても、決して一枚岩ではなかった。むしろ、**藤原家のトップという華々しい地位を得るために、幾度も激しい権力争いが行われてきた**。この時代も親王に味方する勢力は多く、尊仁親王を出家させようという企てを防いだのも、頼通の異母弟・頼宗《よりむね》と能信《よしのぶ》だった。

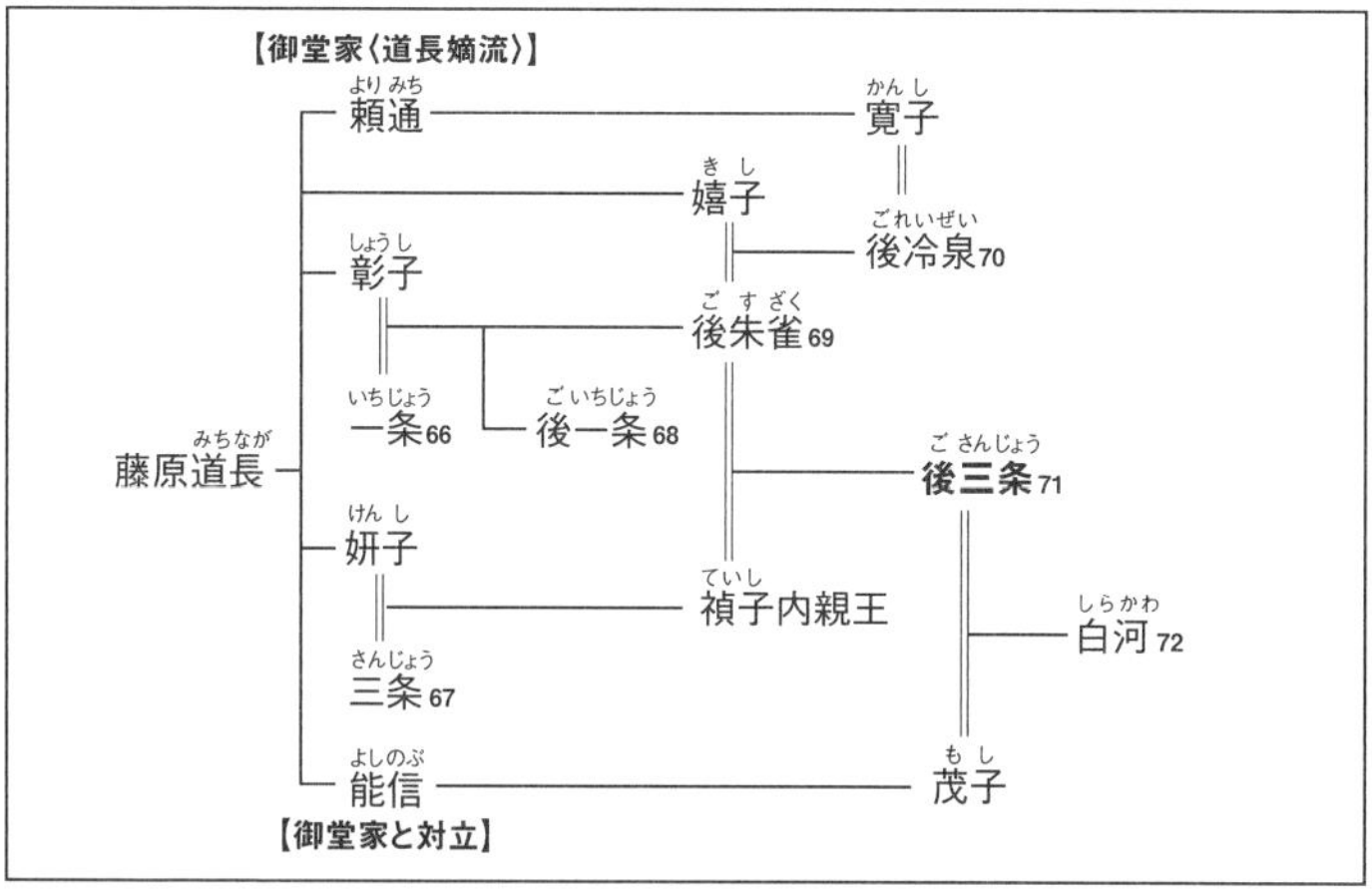

後三条天皇の系図

能信には跡取りの能長《よしなが》がいたし、養女・茂子《もし》が親王の後宮に入っていた。つまり、能長の息子が関白となり、茂子が親王の子を生めば外戚関係は保たれる。だがそれは、頼通の後継者が権力を継承されないことを意味し、頼通自身の立場も危うくなる。**摂関政治の体制と、道長系列の権力を維持するためには、親王の即位を可能な限り妨害しつつ、後冷泉天皇に皇子が生まれるのを待つしかなかった**のだ。

だが、後冷泉天皇は男子が生まれないまま崩御《ほうぎょ》し、後三条天皇が即位する。頼通は関白の座を退き、後釜には同母弟の教通《のりみち》が入ったが、すでに高齢で若い天皇を御せる力は残っていなかった。その後、道長を祖とする御堂《みどう》家《け》が摂政・関白の地位に就き続けたものの、天皇との外戚関係を持たなかったことから、権力の弱体化は免れなかった。こうして170年ぶりに天皇は外戚関係から解放され、朝廷の主導権を取り戻す土台ができたのである。

34

白河天皇が譲位後に院政を企てていたというのはウソ

通説

上皇が朝廷政治の実権を握る院政は事実上、白河《しらかわ》天皇の時代に始まった。白河天皇は父である後三条《ごさんじょう》天皇に倣《なら》って天皇親政を行おうとしたが、藤原摂関家《せっかんけ》の権力が強く、実現できなかった。そこで幼年の堀河《ほりかわ》天皇に皇位を譲ると、自分は慣例に左右されない上皇として政治を代行したのだ。こうして上皇の権力が高まったことで摂関家の権威は低下し、院政の時代が始まったのである。

院政を行った白河天皇（「白河院御影（写）」国会図書館所蔵）

真相

白河天皇の目的は自分の直系で皇位を継承していくことにあり、院政の盤石化を目指してはいない。堀河天皇は有能な天皇だったと言われており、親政を行う可能性はあった。**院政は後継者が相次いで早世したことで、結果的に完成したもの**である。

たまたま完成した院政

先の天皇の生前退位にともない政府が頭を悩ませたのが、退位後の称号だ。結局、太上天皇の略語だった「上皇」の称号が贈られることになったが、一代限りの称号とされた。それに「上皇」が正式名称で、太上天皇の略ではないとされ、旧来の慣習を適応しなかった。その理由は、上皇が天皇以上に権力を握って政治を動かした歴史を踏まえているからだといわれている。

上皇が政治を主導する体制は「院政」と呼ばれており、白河天皇が始めたとされている。

1072年12月に即位した白河天皇は、父・後三条天皇の方針を受け継いで、藤原摂関家の支配脱却を目指した。そのために1086年11月に8歳の堀河天皇に譲位して、従来の慣例に縛られない上皇の地位から政治を代行したとされる。堀河天皇の死後は孫の鳥羽《とば》天皇を4歳で即位させて体制を強化。没落した摂関家が上皇に取り入るようになり、院政は盤石のものになった。このように言われることが多い。

確かに、白河天皇が院政を始めたのは間違いない。だが、意図的に院政という政治体制を目指したのではなく、身も蓋もない言い方をすれば「偶然」の積み重ねでできた体制だった。

後三条天皇は第二皇子の実仁《さねひと》親王に皇位を譲りたかったが、幼年だったので第一皇子である貞仁《さだひと》親王（白河天皇）を即位させ、実仁親王を皇太弟とした。ところが後三条天皇は譲位の翌年に他界してしまい、1085年に実仁親王も15歳で病死。このチャンスに白河天皇は第三皇子の輔仁《すけひと》親王を後継にせよとする後三条の遺言を無視し、8歳の息子・善仁《たるひと》親王（堀河天皇）に皇位を継承させた。

遺言を無視して堀河天皇を即位させたのは、**自分の直系に皇位を継承させていく目的があった**と考えられている。この時点では権力を独占しようという動きは見えず、あくまでも後見人という立場で天皇を補佐していた。「気弱な堀河天皇から実権を奪った」と見る向きもあったが、実際には成人すると、堀河天皇主導の政治が行われている。

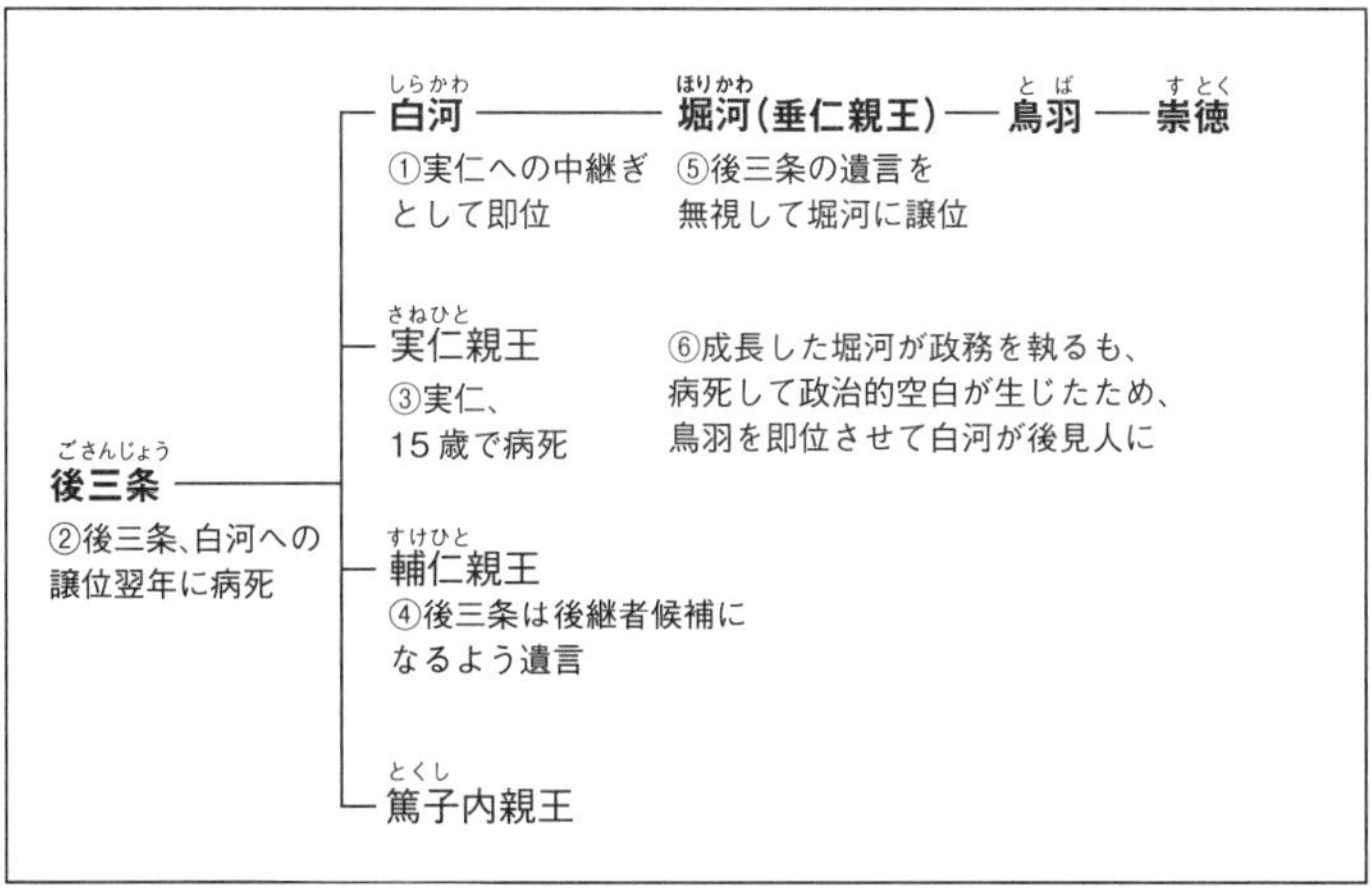

白河天皇の系図

堀河天皇は寝る間も惜しんで政務に取り組み、儀式では公卿《くぎょう》の怠慢を決して許さないという、真面目一徹な人物だったという。「末代の賢王」とも評されており、天皇の権力は強かった。朝廷内でも現役の天皇を重んじる風潮は強く、この時点で院政は行われていない。

このまま堀河政権が安定していれば、白河上皇の院政は生まれなかっただろう。ところが、ここでも偶然が起きる。まず、堀河天皇を支えた関白・藤原師通《もろみち》が病死して政治が不安定化したことにより、上皇が発言する機会が増加した。その数年後には堀河天皇は病死し、**天皇・関白が空位になるという危機に直面する**。そこで白河上皇は幼い鳥羽天皇を即位させ、自分は後見人として政務を取り仕切った。これが結果的に朝廷内の権力を掌握することになったのだ。さらに鳥羽天皇にも数え5歳の皇子に譲位を強制させ、白河上皇は院政という新たな政治体制を確立したのである。

35 崇徳天皇が白河法皇の子どもであるというのはウソ

通説

崇徳《すとく》天皇は系図上、鳥羽《とば》天皇の第一皇子とされてはいるが、実は白河《しらかわ》法皇の子どもである。鳥羽天皇の皇后璋子《しょうし》は若い頃に白河法皇の養女となったが、実情は愛人だった。その関係は、璋子が鳥羽天皇に嫁いでからも続き、ついに璋子は白河法皇の子を宿した。のちの崇徳天皇である。鳥羽天皇は法皇が崩御《ほうぎょ》すると母親ともども冷遇するようになり、重病を患っても、崇徳天皇の見舞いを拒否している。

崇徳天皇（左）と鳥羽天皇（右）（「天子摂関御影」三の丸尚蔵館所蔵）。崇徳天皇は父である鳥羽天皇から長年冷遇された

真相

崇徳天皇が白河法皇の子だという話は、死後50年以上も後に書かれた説話集にしか記されていない。崇徳天皇が白河法皇から寵愛を受け、鳥羽上皇から冷遇されたという点から囁かれるようになっただけで、崇徳天皇が法皇の子だとする説は、デマの可能性が高い。

崇徳天皇は本当に叔父子だったのか

崇徳天皇は、平安時代で最も悲劇的な末路を辿った天皇だろう。鳥羽天皇の第一皇子として生まれて数え年5歳で皇位を継承したが、後ろ盾の祖父・白河法皇が崩御すると父に異母兄弟の体仁《なりひと》親王（近衛《このえ》天皇）への譲位を強制され、鬱屈とした日々を過ごすことになる。近衛天皇が17歳で亡くなると息子の重仁《しげひと》親王を即位させようとしたが、鳥羽上皇の妨害によって失敗。

上皇崩御後に反乱を起こしたが、平清盛や源義朝《よしとも》の武士団に鎮圧され、失意のうちに憤死した。

鳥羽上皇による冷遇が崇徳天皇を追い込んだのは、確かだろう。ではなぜ鳥羽上皇は、息子である崇徳を疎んじたのか。通説とされてきたのは、崇徳が白河法皇の子だったという説だ。

鳥羽上皇の妻・璋子《しょうし》は、幼少時に白河法皇の養女となった。『古事談《こじだん》』によれば、二人は愛人関係にあり、璋子が鳥羽天皇に入内《じゅだい》してからも関係は続いたという。その結果、璋子は白河法皇の子を宿した。表向きは鳥羽天皇の子とされたが、白河法皇が父親であることは、公然の秘密だったという。

しかし、『古事談』は崇徳上皇の死後から50年以上も後に書かれた説話集で、史料としての価値は低い。現在では**単なる噂話だという考えが主流**だ。

ただ、璋子が奔放だったことを思わせる、同時代の史料もある。関白・藤原忠実《ただざね》が日記『殿暦《でんりゃく》』において、璋子と貴族による密通乱交を多く記しているのだ。とはいえ、忠実が白河法皇と敵対していたことを踏まえると、この記述も鵜呑みにはできない。

実は璋子は、忠実の息子・忠通に嫁ぐ予定だった。しかし、法皇との関係を疑った忠実が難色を示して破談になっている。その後、璋子は鳥羽天皇への入内が決まるのだが、それを知った忠実の対応が、白河法皇の逆鱗に触れることになる。忠実は法皇に無断で、娘を鳥羽天皇へ入内させようと画策したのである。実は璋子の入内が決まる前、白河法皇は忠実の娘を鳥羽天皇に入内させるよう、話を持ち掛けていた。忠実はこれを断っていたが、璋子の入内を知った途端意見を変えたため、

鳥羽上皇の妻である藤原彰子（左／法金剛院所蔵）と皇后である藤原得子（右／安楽寿院所蔵）。彰子は待賢門院、得子は美福門院の名でも知られる

白河法皇を激怒させたのである。

法皇は忠実に対し、関白の辞任と謹慎という重い処分を下した。この出来事によって忠実は、法皇に恨みを持つようになったとされている。そのため日記に記された璋子の密通話は、八つ当たりを目的としたでっち上げである可能性も考慮しなければならない。

鳥羽上皇が崇徳天皇を冷遇したのは、**寵愛する皇后が生んだ近衛天皇を皇位につけるため**だったと考えられる。近衛天皇は、藤原得子《とくし》から生まれた子である。鳥羽上皇には三人の皇后がいたが、上皇は得子を寵愛した。この得子との間にもうけた子を皇位につけるべく、鳥羽上皇は崇徳の息子を後継から外したようだ。

しかも左大臣・藤原頼長の日記『台記《たいき》』によれば、**得子とその親族は、近衛天皇の死の原因が、崇徳天皇にあると鳥羽上皇に吹き込んでいたらしい**。ドロドロの家族ドラマが背景にあることは、変わらないようだ。

大日本帝国憲法発布を描いた錦絵（「大日本帝国憲法発布式場之図」国会図書館所蔵）。国にはさまざまな権限が天皇に集中したが、実際には政府や軍部、枢密院などが実務を担い、権力が分散していた

第四章

文化・制度にまつわるウソ

36 神武天皇陵が天皇を祀る古墳というのはウソ

通説

辛酉年《しんゆう》（紀元前660年）に即位した初代神武《じんむ》天皇は、その76年後に崩御《ほうぎょ》した。遺体は畝傍山《うねびやま》の山麓に造られた古墳に葬られ、のちにこの地は「神武天皇陵」として神聖視されていく。現在では宮内庁が管轄する124の天皇陵の筆頭とされており、毎年4月に皇居で執り行われる神武天皇祭のときには、皇室から勅使が遣わされている。

奈良県橿原市にある畝傍山東北陵。神武天皇の陵墓とされている

真相

神武天皇陵は幕末に国学者と朝廷が定めたものだ。**天皇が埋葬された学術的な根拠はなく、それどころか古墳であるかも怪しい**。他の天皇陵も埋葬者に関する情報は少なく、本当に天皇の古墳なのかは疑問が残っている。

伝説の天皇が眠るとされる古墳

神武天皇が眠るとされる地が、奈良県橿原《かしはら》市にある。畝傍山麓の「畝傍山東北陵《うねびやまのうしとらのすみのみささぎ》」である。宮内庁によって神武天皇陵と定められている円墳で、天皇を祀《まつ》る橿原《かしはら》神宮《じんぐう》に近く、周辺には第2代から4代までの天皇陵も点在する。

とはいえ、神武天皇は実在性が疑問視されている天皇である。にもかかわらず、古墳が存在するのは、**江戸時代に行われた調査結果を踏襲している**からだ。

江戸時代に天皇陵の調査が行われたとき、参考にされたのは「記紀」の記述である。ただし、『古事記』と『日本書紀』とでは場所に関する情報が異っており、当時の調査では正確な場所はわからなかった。儒学者の平塚瓢斎《ひらつかひょうさい》が天皇陵を描いた「聖蹟図志《せいせきずし》」によると、推定地は「四条村」「山本村神武田《じぶでん》（ミサンザイ）」、畝傍山手前の「丸山《まるやま》」という、三カ所である。この頃には場所は確定していなかった。

現在の位置だと定められたのは、幕末のことである。宇都宮藩（栃木県宇都宮市）が江戸幕府に天皇陵の修補を提案したことがきっかけで、神武天皇陵の場所は再度調査された。このときも意見はまとまらなかったが、**孝明《こうめい》天皇の決定によってミサンザイが神武天皇陵となった**。なぜここを陵墓としたか、その根拠は不明なままだが、この決定が明治新政府にも受け継がれ、ミサンザイは神武天皇陵として聖域化した。

こうした経緯からわかるように、神武天皇陵は考古学的見地から陵墓とみなされるようになったのではない。周辺から土器は出土しているものの、古墳と関わりがあるかは不明だ。

埋葬者不明の天皇陵は、神武天皇陵以外にも数多く存在する。たとえば世界遺産にも登録された日本最大級の古墳「仁徳《にんとく》天皇陵」は、被葬者が仁徳天皇ではないという説が根強い。天皇が崩御したとされる時期と古墳の築造時期に半世紀ほどの開きがあるし、次代である履中《りちゅう》天皇の陵墓のほうが古いと考えられているからだ。大規模の墳墓を築く力があることから、被葬者が大王クラスの有力者であ

大阪府堺市にある大仙陵古墳（提供：国土地理院）。1948 年に米軍が撮影した

ることは確かだが、それが仁徳天皇かは謎のままだ。そのため名称は「大仙陵《だいせんりょう》古墳」とされることが多い。

また、雄略《ゆうりゃく》天皇の陵墓に指定された「島泉丸山《しまいずみまるやま》古墳」と「島泉平塚《しまいずみひらつか》古墳」にしても、出土品すら見つからないなど明確な根拠に欠けており、仲哀《ちゅうあい》天皇の墓とされる「岡ミサンザイ古墳」もワカタケルや雄略天皇の古墳ではないかと疑惑視する向きがある。さらに、継体《けいたい》天皇の御陵に関しては、宮内庁は大阪府茨木市の「三嶋藍《みしまのあい》野陵《ののみささぎ》」に治定しているものの、学会では高槻市にある「今城塚《いましろづか》古墳」だというのが通説となっている。

古代の天皇陵にここまで謎が多いのは、**古墳に被葬者を記した墓誌がないことと、宮内庁が発掘調査を厳しく制限してきたため**だろう。現在では宮内庁が態度を緩和しており、２０１８年には宮内庁と堺市による仁徳天皇陵の合同調査が行われた。このまま緩和の拡大が進めば、各天皇陵の意外な真実が明らかになるかもしれない。

37

安閑天皇から欽明天皇にかけては皇統が安定していたというのはウソ

通説

仏教が日本に伝来した時期、ヤマト王権は欽明《きんめい》天皇の治世だった。安閑《あんかん》天皇、宣化《せんか》天皇を経て即位した欽明天皇は、朝鮮半島の百済《くだら》から、仏像や経典を贈られた。

「記紀《きき》」の6世紀以前の記述は創作性が高いが、継体《けいたい》天皇以降の記述は信頼性が増していく。安閑、宣化、欽明までの皇位継承も、史実だったとされている。

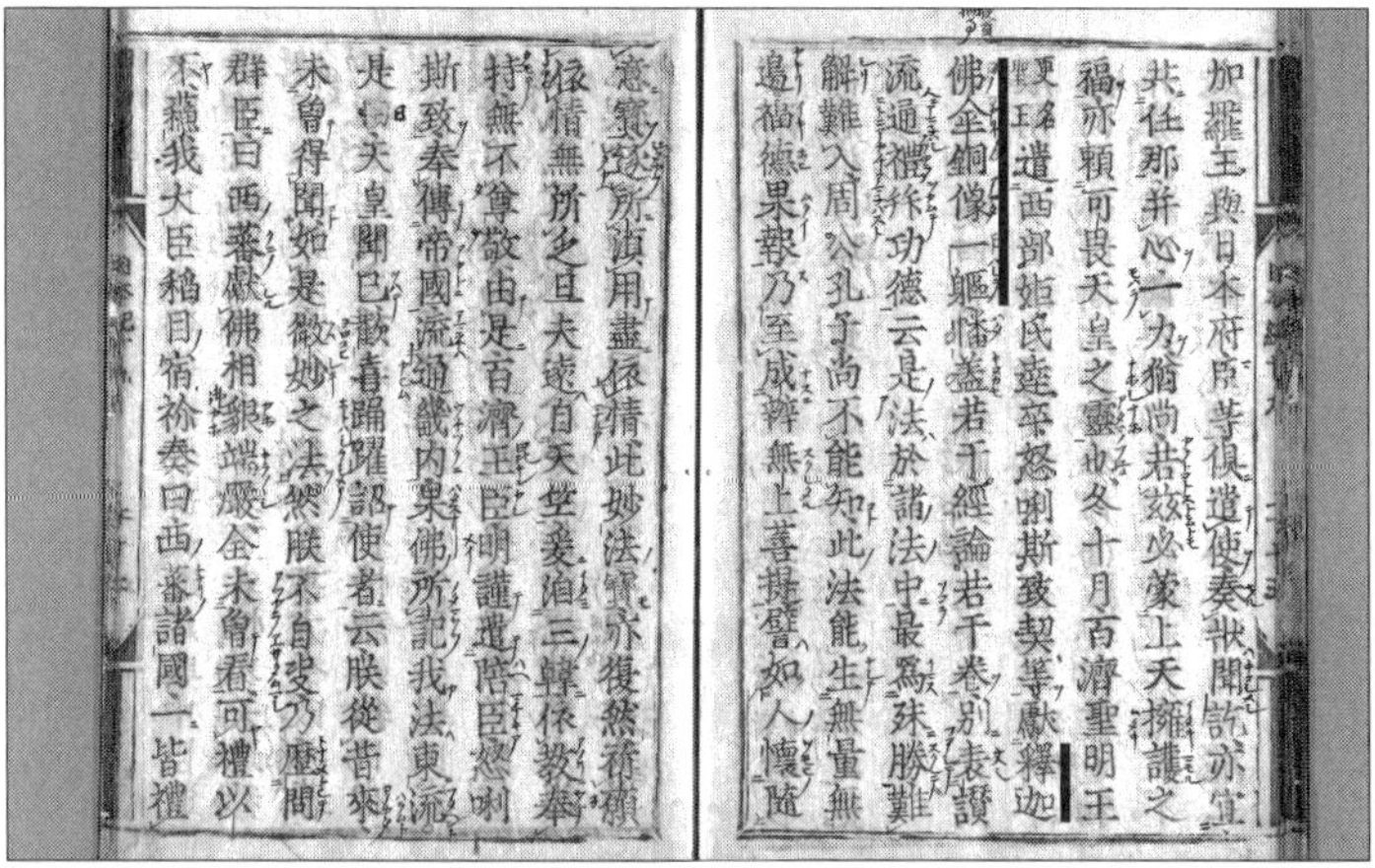
加羅王與日本府臣等俱遣使奏狀聞訖亦宜
共任那并心一力猶尚若玆必蒙上天擁護之
福亦賴可畏天皇之靈也冬十月百濟聖明王
更名聖王遣西部姫氏達率怒唎斯致契等獻釋迦
佛金銅像一軀幡蓋若干經論若干卷別表讚
流通禮拜功德云是法於諸法中最爲殊勝難
解難入周公孔子尚不能知此法能生無量無
邊福德果報乃至成辨無上菩提譬如人懷隨
意寶逐所須用盡依情此妙法寶亦復然祈願
依情無所乏且夫遠自天竺爰洎三韓依教奉
持無不尊敬由是百濟王臣明謹遣陪臣怒唎
斯致契奉傳帝國流通畿內果佛所記我法東流
是日天皇聞已歡喜踊躍詔使者云朕從昔來
未曾得聞如是微妙之法然朕不自決乃歷問
群臣曰西蕃獻佛相貌端嚴全未曾看可禮以
不蘇我大臣稻目宿禰奏曰西蕃諸國一皆禮

仏教公伝を伝える『日本書紀』の記述。傍線部に「釈迦仏金銅像」の文字が見える。日本書紀に基づけば仏教公伝は552年（国会図書館所蔵）

真相

「記紀」以外の史料を参考にすると、安閑、宣化の在位期間中に欽明天皇が即位していたことになり、矛盾が生じる。この矛盾に対し、**複数の王朝が並立していたのでは**という大胆な仮説が古くから立てられていた。

二つの王朝が並立したという時代

仏教は、『日本書紀』によると552年に日本へ伝わったとされるが、『上宮聖徳法王帝説《じょうぐうしょうとくほうおうていせつ》』『元興寺縁《がんこうじえん》起《ぎ》』によると538年だという。朝鮮半島の百済から仏像と経典が送られた出来事が契機だ。

ただ、それ以前から民間では、仏教が広まっていたと考えられている。大陸や半島の渡来人が多数来日していたため、仏教に帰依した人々もいただろう。一説には、欽明天皇の2代前の安閑天皇の頃にはすでに、私的に信仰されていたという。それに6世紀頃のいくつかの古墳からは、「仏獣鏡《ぶつじゅうきょう》」という、仏を縁取った中国の銅鏡が見つかっている。銅鏡は5世紀作と見られているため、仏教公伝前に仏のイメージが日本へ伝わっていた可能性は、十分考えられる。

一般的には、仏教が公伝した欽明天皇の時代には皇位継承は安定し、「記紀」に記された安閑↓宣化↓欽明という継承順も史実だとされている。しかし、これにも異論はある。「記紀」以外の史料では各天皇の在位期間が異なっており、辻褄が合わないからだ。

「記紀」以外の史料とは、先述した『上宮聖徳法王帝説』と『元興寺縁起』である。いずれも7～9世紀の史料だが、「記紀」以前の記録を元にしたと考えられており、長年注目されてきた。「記紀」によれば、欽明天皇は539年に即位して、571年に崩御《ほうぎょ》した。だが、『上宮聖徳法王帝説』の記述をもとにすると、即位年は531年となる。『元興寺縁起』に基づいた場合は532年だ。

この531年という年は、継体天皇が崩御したとされる年である。「記紀」の場合、継体天皇の死後は安閑天皇の治世が4年、宣化天皇の治世が3年あって、その後に欽明天皇が即位したことになっている。しかし**「記紀」以外の2点に基づけば、継体天皇の死の直後に安閑天皇ではなく、欽明天皇が即位したことになる**のだ。

この矛盾を解消するべく喜田貞吉《きたさだきち》ら戦前の歴史学者が唱えた仮説が、**「両朝並立説」**だ。継体天皇は安閑天皇を後継者としたが、これに反発する勢力が欽明天皇を擁立して、ヤマト王権は二分され

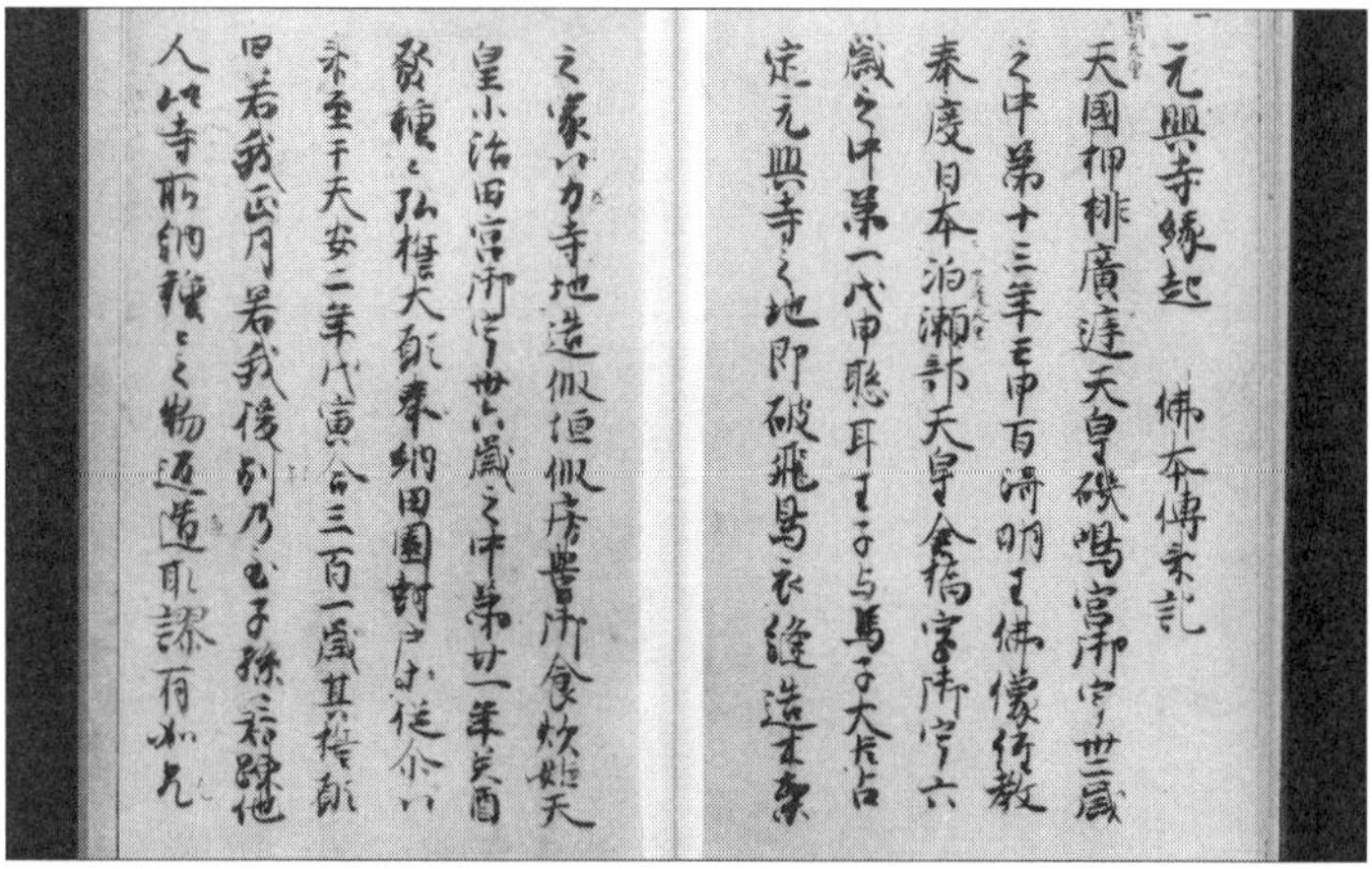
元興寺縁起　佛本傳来記

仏教公伝を伝える『元興寺縁起』。近年はこの記述に基づいて538年に仏教が伝わったという説が有力（『元興寺縁起（醍醐寺本）』国会図書館所蔵）

た。そして宣化天皇の死まで約6年も両朝の並立は続いたとする説だ。

戦後、この大胆な仮説をさらに踏み込んで仮説を立てたのが、林屋辰三郎だ。

林屋によると、**王権の分裂は皇位争奪抗争にまで発展。蘇我氏が支持する欽明天皇と、その他の有力豪族が支援する安閑・宣化天皇の間で、内乱が続いていた**というのである。この仮説が正しければ、古代史の流れは大きく塗り変えられる。それに、民間で信仰されていた仏教の需要が遅くなったのも、争乱が影響していたと仮定することができる。

ただし、文献史料には内乱を示す痕跡はなく、考古学上の裏付けもない。『上宮聖徳法王帝説』と『元興寺縁起』の年代が正しいという明確な根拠もなく、両朝並立説を疑問視する声は多い。仏教伝来時のヤマト王権に何が起きたかは、いまだ不明なのが現状だ。

38 継体天皇が王朝を交替させたというのはウソ

通説

天皇家が一度も断絶せずに続いてきたとする「万世一系《ばんせいいっけい》」の概念は、明治維新後につくられた。現在ではこの概念を疑う研究者は多く、6世紀以前に幾度か王朝が交代していたと考える説が有力となっている。その一つが継体《けいたい》天皇の時代である。越国《こしのくに》（福井県）の豪族だった天皇が旧王朝を武力で打倒して新政権を創り上げ、現在まで続く天皇家が始まったという説が、支持を集めている。

福井県足羽神社にある継体天皇の像

真相

継体天皇の即位は**有力豪族から承認されて形式通り行われた**と考えられており、武力による政権奪取はおそらくなかった。「記紀」より古いと見られる系譜も発見されており、継体天皇を機に王朝が交替した可能性は、低いと考えられるようになっている。

継体天皇の王朝交替説

万世一系の概念は、天皇の求心力を高めて国内統治をするために、明治新政府が広めた。戦前は、この価値観を疑うことはタブー視されていたが、戦後になると自由な研究が可能となり、万世一系にとらわれない仮説が発表されていった。特に有名なのは、継体天皇の時代に起きたとされる**王朝交替論**だろう。

『日本書紀』によると、継体天皇は応神《おうじん》天皇の五世孫である。先帝に皇嗣がいなかったため、群臣の求めで越国から移り住んで即位したという。
しかし、継体天皇の父と応神天皇を繋ぐ系譜は「記紀」になく、詳しい出自はわかっていない。しかも、即位を請われたにもかかわらず大和国になかなか入らず、即位の儀は河内《かわち》国（大阪府）で済ませてしまう。大和に入ったのは、即位から19年も後のことだった。

こうした不自然さから天皇家の血族であることが疑問視され、その流れを受けて継体天皇が王朝を征服したという説が唱えられた。大和に入らなかったのは旧王朝と戦争中だったからで、この争いに勝利した越国の有力豪族が、継体天皇として即位したとされる。その末裔が現在の皇室に連なるというのが、継体天皇王朝交替論である。

歴史学者の直木孝次郎らが提唱したこの説には、歴史学界内外から多くの関心が寄せられた。史実だとすれば皇室の歴史が一変するのだから無理はない。

しかし近年では、やはり継体天皇での断絶はなかったという逆の仮説も支持を集めている。根拠の一つが連続性だ。通常、旧王朝が打倒されると、その統治機構や儀礼は一新されるものである。旧体制をそのまま踏襲すれば、何のための革命かわからない。ところが**継体以後のヤマト王権には、統治機能から前方後円墳を使った埋葬方法にまで、大きな変化は見られない**。打倒した王朝をそのまま引き継ぐのは、さすがに常識外れだろう。

越国の勢力が武力で大和の勢力を制圧したという見方にも、否定的な意見が根強い。たとえば歴史

大阪府高槻市に復元された今城塚古墳の埴輪祭祀場。今城塚古墳からは多数の埴輪が出土しており、継体天皇の陵墓ではないかと注目されている

学者の山尾幸久氏は、ヤマト王権の有力豪族が勢力を拡大するために招いたとしている。出自にしても、塚口義信氏は近江（滋賀県）から越国に移った王族の末裔が継体天皇だと考えた。大和入りに19年もかかったのも、継体の即位反対派が妨害したのではと論じている。なかには、継体天皇は物部《もののべ》・大伴《おおとも》氏の支持を受けて平和裏に即位したため、大きな騒動は起きなかったと結論付ける研究者もいる。いずれの研究者も、武力による皇位簒奪はなかったと考える点では一致している。

加えて、継体天皇の血筋についても新たな発見があった。**『上宮記《じょうぐうき》』という「記紀」より古い史料に、応神から継体までの詳細な系譜が見つかった**のである。『上宮記』の原本はすでに失われおり、『日本書紀』の注釈書『釈日本紀《しゃくにほんぎ》』などに引用文が残るのみだが、継体の系譜が判明した意味合いは大きく、継体期に外部勢力の制圧はなかった根拠の一つになるだろう。

39

天皇家が大陸から渡ってきた騎馬民族に連なるというのはウソ

通説

天皇家のルーツは、大陸から渡来した騎馬民族である。4世紀頃に朝鮮半島を経由して日本に来襲した騎馬民族は、北九州から東へと勢力を伸ばした。そして5世紀頃に畿内へと進出すると、周辺豪族を倒して奈良盆地で王朝を築いたのだ。この王朝がヤマト王権で、事実上の初代天皇となった騎馬民族の長と目されるのが、第15代応神《おうじん》天皇である。

応神天皇の像を模写した図（『集古十種』国会図書館所蔵）

真相

騎馬民族の風習は日本に根付いておらず、騎馬隊編成に必要な軍馬の去勢技術も伝わっていない。これらの矛盾点から、騎馬民族征服説はすでに否定されている。実際に日本で騎馬の集中運用が確立されたのは、近世以降のことである。

騎馬民族は日本に来たのか

「記紀」の記述を尊ぶ皇国史観が崩壊して以来、皇室のルーツについてさまざまな仮説が立てられてきた。前項目で紹介した王朝交替説はその一つだが、大陸から渡った騎馬民族が天皇家の祖先とする説も、注目を集めてきた。考古学者の江上波夫が１９４８年に提唱すると、世間を大いに騒がせたのだ。

だが、この学説には当時から異論が多く寄せられ、現在ではあまり支持されてはいない。

騎馬民族説の根拠の一つは、古墳から騎馬の埴輪が出土していることである。『魏志倭人伝《ぎしわじんでん》』によれば、3世紀頃の日本には、野生馬が棲息《せいそく》していなかった。にもかかわらず、それ以降の時代の古墳から騎馬の出土品が見つかるのは、4世紀から5世紀にかけて騎馬民族とともに馬が流入したからだと考えられた。

騎馬民族の流入は、東アジア→朝鮮半島→北九州というルートを経たとされる。このとき、周辺豪族を平定して勢力を築いたのが、第10代崇神《すじん》天皇だという。そして第15代応神天皇の時代に畿内を平定してヤマト王権を創り上げたとされる。

しかしこの仮説では、**生活スタイルの違い**が考慮に入れられていない。騎馬民族は馬での集団行動が基本であるため、必然的に移動と畜産業を生業にして、遊牧生活を送った。食事も肉食と乳製品が主体だ。中世にモンゴル帝国をつくったモンゴル民族をイメージするとわかりやすい。

これに対し、日本人の生活形式は定住と農業が基本で、古代から大きく変わらない。地域によっては肉食の文化もあったにせよ、狩猟の規模は遊牧民には及ばなかった。畜産が本格化したのは、江戸時代の中期からである。**遊牧民が支配したなら王朝だけでも生活スタイルは変化するはずなのに、何の影響もないのは不自然**だ。

また、馬の取り扱いにも違いがある。戦争では体格の良い牡馬《おうま》が軍馬にされるが、気性が荒く扱

モンゴル系兵士の騎馬戦の様子。モンゴルでは、戦闘用の牡馬は制御しやすいように去勢されたが、日本では幕末まで馬の去勢技術は広まっていない

いが難しい欠点があった。そのため、騎馬民族は牡馬を去勢することで気性を抑え、馬をコントロールしようとした。しかし、日本で去勢技術が確立したのは幕末以降で、それ以前は未去勢の馬しか使われなかった。古代日本が騎馬民族に征服されたのなら、なぜ最も重要な去勢技術が継承されなかったのか、疑問である。

それに**大陸から民族が大移動するという大事件が起きたとしたら、日本や朝鮮半島、中国の文献に記録されるのが普通だが、何の形跡もない**。こうした反論などにより、現在では騎馬民族説が支持されることは、ほとんどない。

ただし、この仮説が出された意義は大きい。皇国史観から解放された時期に万世一系《ばんせいいっけい》を否定する仮説を発表したことで、研究者たちを大いに刺激したからだ。自由な研究が保証されたことで、その後の古代史研究は、活況を呈することになったのだ。

40

天智天皇が近江令を制定したというのはウソ

通説

「近江令《おうみりょう》」は日本が初めて施行した法典だ。白村江《はくそんこう》の戦いの大敗を受け、天智《てんじ》天皇は唐の法体制である「律令制度」の導入を決定。中央集権体制を整備して、国家権力を強化しようとした。その基本法典としてつくられた近江令が施行されたことにより、日本は中央集権国家として生まれ変わったのである。

天智天皇の都があった近江大津宮の跡。内裏正殿の跡地と考えられている

真相

近江令制定の記録は『日本書紀』になく、法典の原本は残っていない。本当に存在した法典なのか、今も否定説と肯定説の間で明確な決着はついていないものの、**通説のような全国法ではなかったという点では、見解が一致している。**

真偽不明の古代法典

律令制度は、万民と国土を王の物ととらえる、古代中国の思想を参考につくられた。この二つを支配するために整備された法体系や官僚制が、律令制の柱である。日本では天皇を頂点に中央集権化を進めるべく、律令制度が導入された。

きっかけは663年、唐・新羅《しらぎ》連合軍との戦いに敗れ、ヤマト王権内で危機感が強まったからである。同盟国の百済《くだら》救援のため朝鮮半島の白村江へ出兵したものの、強大な唐・新羅連合軍の前に歯が立たず、逆に唐から本土を攻撃される恐れが出てきた。そこで最前線の太宰府に「水城《みずき》」を築くなどして国防を強化すると同時に、権力集中をはかるべく唐を参考にした法典を制定したのである。

7世紀頃までのヤマト王権は諸豪族の連合政権で、九州・東北には支配を拒む勢力も残っていた。ヤマト王権が全国支配を安定化させるには、権力を一挙に集める中央集権化を目指す必要がある。そこで、律令という法体系に基づいて土地や民衆を統制し、王権の体制強化を狙ったのである。

この律令制度を日本に導入したとされるのが、天智天皇だ。668年に天智天皇が近江令を制定したことで、法制度や官僚制が整備され、天皇の権力が強化されたと考えられる。701年につくられた「大宝律令」もこれを基盤としたという説があり、日本の転換点を語る上で欠かせない法典だ。

近江令が制定されたという根拠は、二つある。藤原氏の家伝である「藤氏家伝《とうしかでん》」には、668年の項目に「条例をほとんどつくり終えた」という記述がある。「弘仁格式《こうにんきゃくしき》」にも近江朝廷の令を制定した記述が残っており、これらの記録が近江令施行の根拠とされてきた。しかし、**近江令は原本が残っておらず、実在性を疑問視する声は多い**。

右に挙げた二つの史料は平安時代に編纂されたもので、『日本書紀』には近江令の記述がない。671年の「冠位・法度の事を施行《のたまひおこな》ひたまふ」の一文が近江令を指すともいわれるが、異論もある。肝心の668年の項目には、法令に関して何も記されていないのだ。

天智天皇が唐・新羅からの攻撃に備えて大宰府に築いた水城の跡（提供：国土地理院）。
天智天皇は唐・新羅に備えるために国防を強化し、同時に法体制の確立を急いだ

こうした点を踏まえ、近江令の実態については、今も研究が続いている。たとえば青木和夫氏は、近江令は全国一律に施行された体系法ではなく、天智期に地域を限って施行された、試験的な法体系ではないかと指摘している。それが過大に評価されたのは、**平安時代となって皇統が近江令編纂者と伝わる天智天皇の血統に変わったことが、原因ではないか**という。

この他、天智天皇の時代に部分的に施行され、その前例を踏まえて本格的な法典である「飛鳥《あすか》浄《きよ》御《み》原令《はらりょう》」が制定されたという説がある。また、近江令は起草されたが実施されず、天武天皇の時代に修正されて飛鳥浄御原令になったという説もある。近江令は全国法ではなく、過渡的なものだったという見方だ。

律令制の導入という一大改革が簡単に進んだとは思えないため、朝廷が試行錯誤を繰り返していたとしても、おかしくはない。

41

上皇が天皇を上回る権力を持ったのは院政からというのはウソ

通説

朝廷の最高権力者は天皇だったが、白河《しらかわ》上皇が「院政《いんせい》」を始めると同時に、権力は「上皇《じょうこう》」へと移った。天皇の地位を退いたことで、上皇は朝廷内の慣習に縛られずに、政権の外から自由な政治活動を行ったのだ。やがて貴族や皇族も上皇にすり寄るようになり、上皇は天皇家の家長として権力を独占したのである。

◎院政を行った主な上皇

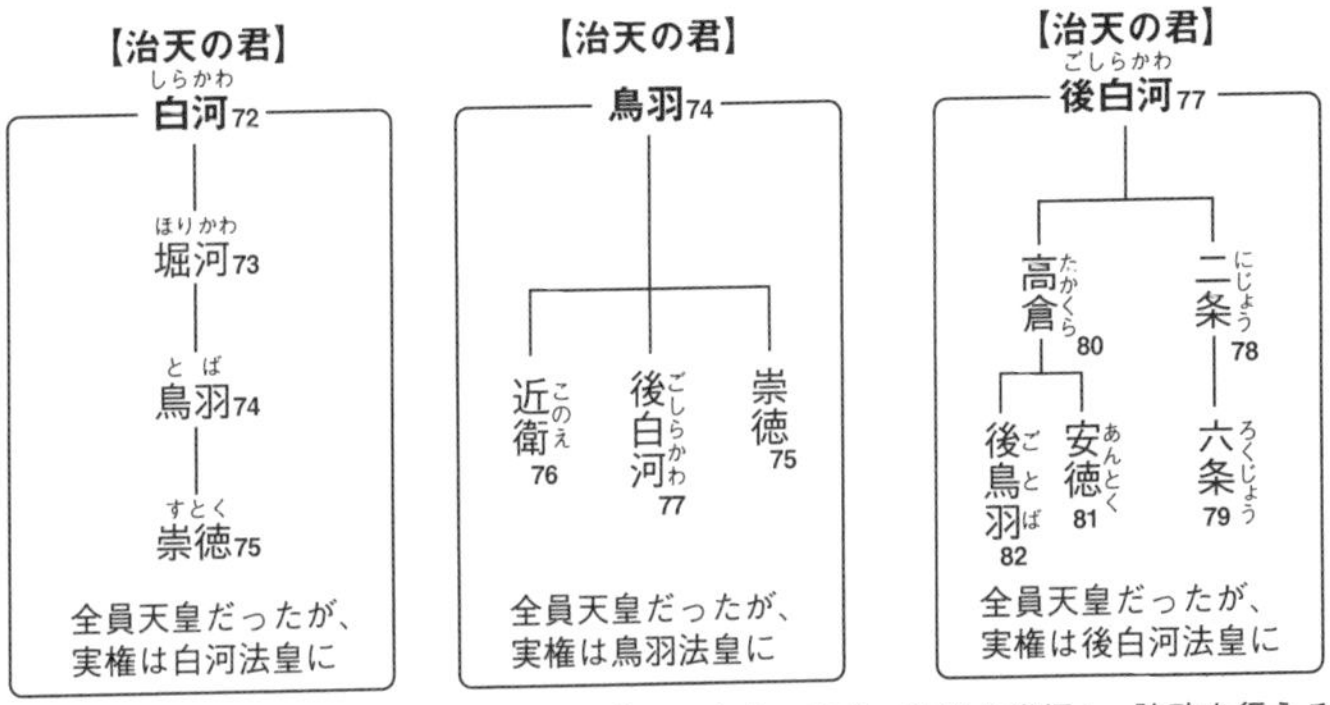

【治天の君】＝天皇家の家長。政治を掌握し、院政を行える

真相

上皇は、実権を維持しながら権力基盤の不安定な天皇を補佐するためにつくられたものであり、**院政が行われる以前から政治的権力は現役の天皇に匹敵していた**。平安時代前期には、朝廷を二分するほどの対立を起こした上皇もいたほどである。

院政以前の上皇と権力

院政とは、上皇が政務を主導する政治体制である。正確には、「天皇家の家長となった上皇」が主導する体制で、実子や孫の天皇・上皇との血縁関係を背景として、朝廷政治を動かした。その権勢は現役天皇を凌ぐほどで、院政による朝廷支配は武家の台頭まで続いた。他国の王家では、退位した王が新王を差し置いて政治を掌握した事例はほとんどなく、日本独自の体制といえる。

しかし上皇は、院政によって初めて権力を持ったのではない。白河上皇の台頭以前から、現役天皇に匹敵する権力を誇っていた上皇は存在したのである。

「記紀」によると、**初の上皇は持統《じとう》天皇**だ。初めて生前譲位したのは皇極《こうぎょく》天皇だが、退位後の称号で「上皇（太上《だいじょう》天皇）」が使われたのは、持統天皇が初である。

ではなぜ持統天皇は、上皇の地位についたのか？　それは、孫の文武《もんむ》天皇の後見を務めるためである。即位時、文武天皇は15歳と若く、政務をとることができなかった。この頃は群臣の政治的権力がいまだ大きく、放っておけば文武天皇が傀儡《かいらい》化する恐れがあった。下手をすれば、次代には持統と異なる血統の皇族が即位する恐れもある。そのため、**持統天皇は退位後も後見人として天皇並みの実権を保持して反対勢力を抑えつつ、若い天皇をサポートして子孫を確実に後継者にしようとした**のだ。

ただし、持統上皇が上皇として権力をふるったのは、皇統を守るという目的があったためである。上皇は天皇と同じ住居に住み、現役に準ずる権力を持っていたものの、その力を使う目的がなかった。院政までの期間に登場した16人の上皇には権力掌握という意識はなく、権力は天皇が握るのが一般的だった。平安末期までは政務の補佐役に過ぎず、影響力は限定的だったのだ。

52代天皇だった嵯峨《さが》上皇のように、現役天皇である第53代淳和《じゅんな》天皇の子ではなく、自身の皇子（第54代仁明《にんみょう》天皇）を即位させたケースはある。だが、これは淳和天皇との関係が良好だったから

持統天皇。退位後、初めて上皇の称号が使われた

こそできたことで、嵯峨上皇は政治に口出しせず、基本的には天皇に任せていた。宇多《うだ》上皇の場合は国政介入を続けたが、朝廷内の権力は絶対ではなく、側近の菅原道真が追放されると自身も政治権力を失った。

とはいえ院政以前においても、上皇が政治的な混乱を生むことはあった。それが、809年4月に起きた平城《へいぜい》太上天皇の変である。嵯峨天皇と平城上皇の対立を機に、朝廷は天皇の平安京と上皇がいる旧平城京に分かれてしまい、事実上分裂した。分裂状態は嵯峨天皇の勝利で解消するが、前天皇という立場の政治的権力を、当時の人々は痛感したことだろう。嵯峨天皇は退位後に政治介入を嫌ったのも、平城上皇との対立を反省したからだとする説もある。

院政によって家長である上皇の権力は確立されたが、それ以前にも**上皇自身が強く望めば、天皇に匹敵するほどの権力をかざすことができた**のである。

42 6世紀頃から明治時代まで朝廷が存在し続けたというのはウソ

通説

6世紀頃の誕生から幕末まで、朝廷が消滅することは一度もなかった。承久《じょうきゅう》の乱の敗北で政治権力を武家政権に奪われ、戦国時代には極度の財政難にはなったものの、諸大名の支援で機能は維持され、歴代幕府の将軍も朝廷の解体には踏み切らなかった。全ては朝廷の権威を統治に利用するためで、こうした武家の思惑もあり、朝廷は1500年近くも存続できたのである。

北朝の光厳上皇（左／常照皇寺所蔵）と後光厳天皇（右／「天子摂関御影」三の丸尚蔵館所蔵）。南朝勢力に光厳上皇らが拉致されると、急遽、後光厳天皇が即位した

真相

朝廷そのものが解体されたことはないが、情勢の混乱により機能不全に陥ったことは幾度もある。**室町時代には南北朝の動乱と皇位継承者の拉致監禁によって、事実上の崩壊状態になったこともある。**

組織が崩壊しかけた朝廷

朝廷の基礎は、律令制導入によって整えられた。

それ以前のヤマト王権は有力豪族による連合政権だったが、天智《てんじ》天皇の時代になると天皇への権力集中を図るべく、唐を参考にした改革が実施された。701年に大宝律令が施行されると中央集権体制はほぼ完了し、ヤマト王権は天皇を頂点とする政治体制へと移行した。

一般的には、朝廷は明治新政府が樹立する1868

年まで維持されたと考えられている（明治時代初期の太政官制も含めて1885年とする説もある）。

しかし実際には、大宝律令から1100年以上の歴史の中で、朝廷が政治権力を失ったことは多々あった。平安時代初期に藤原摂関家《せっかんけ》の強い影響を受けたのち、鎌倉幕府によって国家の統治権は徐々に奪われ、承久の乱を機にその傾向に拍車がかかった。そして室町時代になると朝廷は事実上、崩壊にまで追い込まれたことがあるのだ。

朝廷が南北に分裂していた1351年、室町幕府は内紛で力を失い、南朝と和睦した。北朝3代崇光《すこう》天皇が退位し、さらには三種の神器を引き渡すという、事実上の降伏だった。するとこれを機に、南朝は幕府勢力の一掃を画策して京へ進軍。**3人の上皇と皇太子を大和国の賀名生《あのう》（奈良県五條市の丹生川《にうがわ》の下流）に連れ去った**のである。

南朝による上皇拉致は、北朝を大いに慌てさせた。次期天皇となる皇太子と、その地位を支える上皇たちが一度に消えたのだ。光厳《こうごん》上皇の第三皇子は京に残っていたが、即位するには治天《ちてん》の君《きみ》（天皇家の家長）から新帝指名を受ける必要があった。こうして朝廷は機能不全に陥ってしまい、その信任を得て成立した幕府も、正統性を失ったのである。

しかしある女性皇族が、この危機的状況を好転させた。京には光厳上皇と光明《こうみょう》上皇の実母である西園寺寧子《さいおんじねいし》が残っていた。そこで幕府は彼女を治天の君にして、新天皇を擁立したのである。寧子は朝廷崩壊を招いた幕府と北朝を警戒していたが、度重なる説得を受けて承諾。北朝4代後光厳《ごこうごん》

後円融天皇（左／雲龍院所蔵）と足利義満（鹿苑寺所蔵）

天皇を擁立させると、事実上の上皇として政務を主導した。朝廷崩壊の危機は、こうして解決したのである。

これで危機は去ったと言いたいところが、朝廷はもう一度、実質的な崩壊状態に陥っている。そのきっかけをつくったのが、**3代将軍足利義満**である。

義満は朝幕《ちょうばく》で強権を振るい、朝廷のあらゆる政務に介入して太政大臣となった。明国から「日本国王源道義《にほんこくおうげんどうぎ》」の詔書《しょうしょ》を受け取り、日本の支配者と認識されるが、これと反比例するかのように朝廷の権力は弱体化し、事実上義満の支配下に置かれてしまう。その専制ぶりに困惑した北朝5代後円融《ごえんゆう》天皇は、自殺未遂を起こしたほどだ。

なお、この時期に義満が皇位簒奪《さんだつ》を目論んでいたという説が話題を呼んだが、現在では**息子義嗣《よしつぐ》への皇位継承を目的としていた**という説が注目されている。事実はどうあれ、室町時代は朝廷にとって、受難の時代だったと言っていいだろう。

43

南北朝の合一で王朝の分裂が終わったというのはウソ

通説

足利尊氏の京侵攻により、後醍醐《ごだいご》天皇は奈良の吉野に逃れた。この地で後醍醐天皇が樹立した政権が南朝だ。後醍醐天皇は樹立翌年に病没するが、後任の後村上《ごむらかみ》天皇は京奪還に向けて奮戦。室町幕府の内紛にも助けられて健闘するが、北朝と幕府が態勢を整えると劣勢に陥っていく。その後、3代将軍足利義満の説得で三種の神器が北朝に引き渡され、1392年に南朝は滅亡したのである。

南朝の後亀山天皇（左／大覚寺所蔵）と北朝の後小松天皇（右／雲龍院所蔵）

真相

南朝の消滅に納得しない武士や公家は多く、残党勢力はその後も蜂起を繰り返した。それが**「後南朝《ごなんちょう》」**と呼ばれる勢力だ。反乱は90年も続き、応仁の乱や戦国初期にも活動していたという説もある。

南北朝動乱のその後

南北朝の分裂は、足利義満の時代に南朝が北朝に吸収されて終結した。しかし南朝には終戦を認めず、反抗を続けた勢力もいた。その残党が後南朝である。

後南朝誕生のきっかけは、義満が南朝との約束を破ったことにある。

義満は朝廷分裂を解消するべく、南朝に三つの和睦条件を提示していた。南朝に渡った三種の神器を譲位儀式の形で受け渡すこと、今後の皇位は南朝と北朝の交代制にすること、そして元南朝の皇族にも領地を与えること。

すでに南朝の凋落は著しく、北朝と武力で渡り合う力はなかった。そうした実情をふまえると、義満が提示した条件は南朝にかなり譲歩したといえる。南朝の後亀山《ごかめやま》天皇は南朝皇統が擁立されると信じ、三種の神器を後小松天皇へ譲渡。こうして南北朝は統合された。

だがその後、幕府は和睦の条件を守ろうとしなかった。それどころか**皇位を北朝の皇統で独占しようとしたため、旧南朝勢力の怒りを買った**のである。後亀山天皇は吉野へと戻り、伊勢国（三重県）では元南朝の武士団が蜂起。これが事実上の後南朝誕生の瞬間だとされる（なお後南朝とは江戸後期に作られた歴史用語である）。

反乱は後南朝の敗北に終わり、後亀山天皇は京へと戻った。だがその後も小規模な蜂起は散発した。後亀山の孫小倉宮《おぐらのみや》が伊勢《いせ》北畠《きたばたけ》家《け》の支援で挙兵した他、楠木正成《くすのきまさしげ》の末裔らが九州で兵を挙げている。

そして１４３３年9月、後南朝は最大の戦果を挙げた。後南朝軍が内裏《だいり》を奇襲して、三種の神器のうち神璽《しんじ》と宝剣を奪ったのである。この事件は「禁闕《きんけつ》の変」と呼ばれ、天皇の護衛が一人になるほどの激戦だった。奪われた神器のうち宝剣はすぐに取り戻したが、神璽を奪還したのは１４５７年に吉野の蜂起を鎮圧した後だった。

後南朝がここまで戦えたのは、**幕府内外の対抗勢力が背後にいた**からだ。旧北朝や室町幕府に対抗する勢力にとって、天皇家に連なる皇族を擁する後南朝は、戦いの正当性を主張するには最適な

楠木正成（左／楠妣庵観音寺所蔵）と山名宗全（右）。楠木一族は後醍醐天皇に仕え、正成死後も南朝・後南朝で活動した

存在だった。１４６７年に起きた応仁の乱でも、将軍を担ぎ上げた東軍に対抗するため、西軍の山名宗全《やまなそうぜん》が小倉宮の末裔を南帝として迎えている。つまり、**時の天皇や将軍に対抗する勢力の野心と私利私欲が、後南朝を支えた**のである。

宗全の死後、後ろ盾を失った南帝は西軍から姿を消した。小槻晴富《おづきはるとみ》の日記『晴富宿禰記《はるとみすくねき》』によると越前へと向かったようだが、その後の足取りは不明である。

この記録を最後に、南朝関係の記述は途絶える。説話や民間伝承には後南朝の残党が潜伏した話が多数あるが（伊豆入りした南帝が北条早雲に保護されたという話など）、真偽のほどは不明である。

後南朝の存続期間は約70年、未確認の記録を含めれば90年となる。旧南朝が60年存続したことと比べたら、途方もない期間である。まさに後南朝は、室町時代を通じて幕府を悩ませた残党勢力だったといえる。

44

禁中並公家諸法度は朝廷を弱体させるために制定されたというのはウソ

通説

豊臣家を滅ぼした徳川家康は、諸大名への統制強化と同時に、朝廷の弱体化にも乗り出した。そのために発布された法律が「禁中《きんちゅう》並《ならびに》公家諸法度《くげしょはっと》」だ。家康は幕府の支配を確実とするため、天皇と朝廷の弱体化を目的とした法を制定。これによって朝廷は官位授与などの特権や政治権力を奪われ、幕末まで幕府の支配下に置かれたのである。

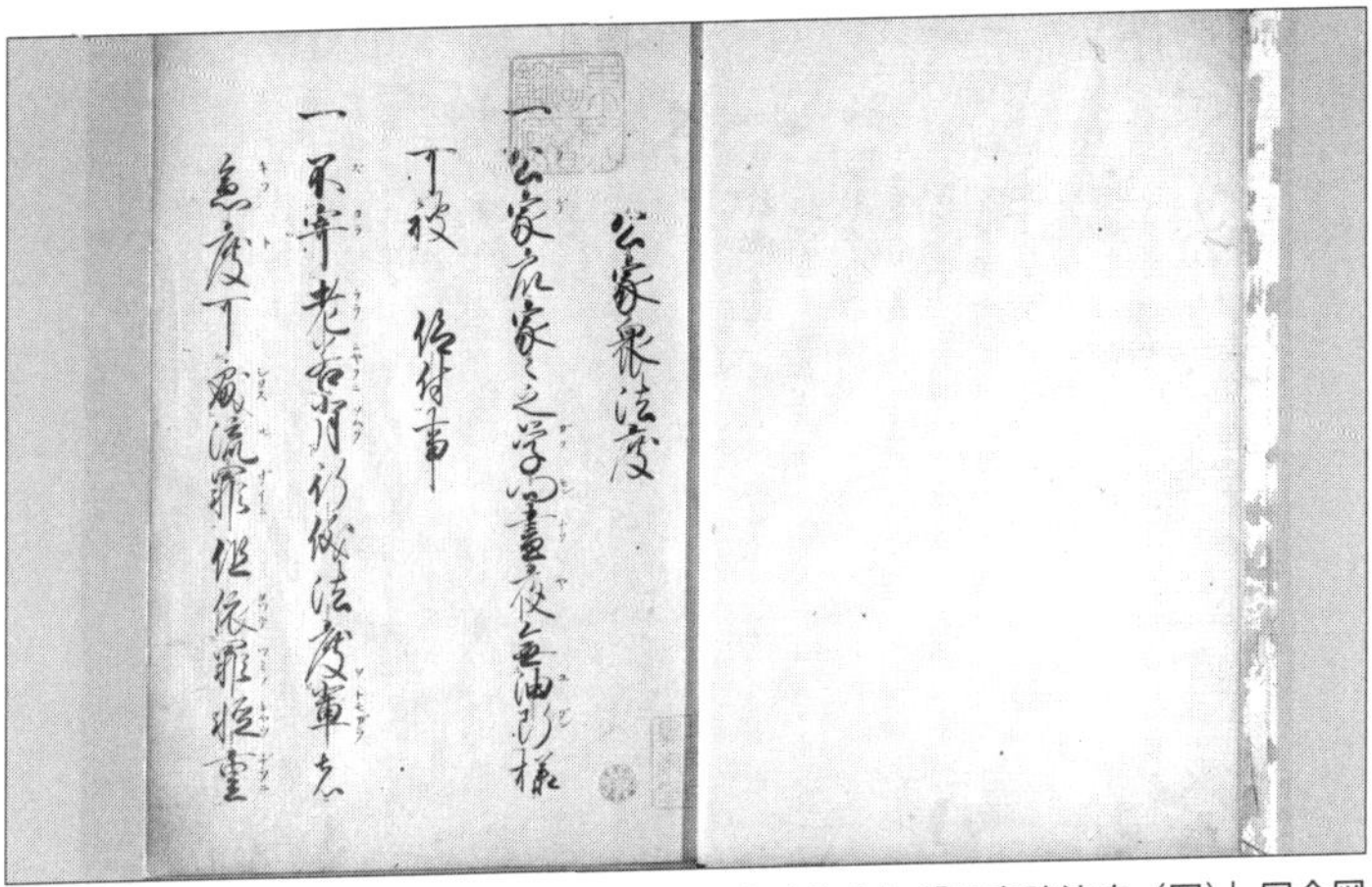
江戸幕府が朝廷の在り方を定めた「禁中並公家諸法度」（「公家諸法度（写）」国会図書館所蔵）

真相

朝廷は、戦国時代末期には武家の支援に依存しきるほど衰退しており、家康がさらに弱体化させる必要性はなかった。**禁中並公家諸法度の目的は天皇権威のコントロールと、宮中の乱れた風紀を正すことにあった。**

朝廷を正すための法案

大坂の陣で豊臣家を滅ぼした江戸幕府は、幕政を安定化させるべく、大名や寺社の統制を進めた。1615年7月には諸大名の在り方を定めた「武家諸法度」や、寺社を対象とした「寺院法度」が公布されている。これらと同時に出されたのが、禁中並公家諸法度だ。

禁中並公家諸法度とは、家康がつくらせた朝廷向けの法令だ。天皇の役割を学問と神事のみに限定し、官位任官のルールなどを定めている。

一昔前は、「幕府が朝廷を弱体化させるために禁中並公家諸法度を制定した」といわれていたが、そうした見方は過去のものになりつつある。

確かに戦国時代の天皇と朝廷は、官位の授与を通じて諸大名と政治的なつながりを維持していた。織田信長が天皇の力を勢力拡大に利用し、家康ですら朝廷を手厚く保護してきた。しかし、経済的に武家へ対抗できたかといえば、答えは否である。

禁裏の財政は諸大名の献金に依存しており、江戸初期の御料《ごりょう》（天皇の領地）は3万石ほどしかなく、朝廷全体を合わせても約10万石と中小大名ほどの経済力しかない。これでは徳川家どころか、親藩や譜代にすら太刀打ちできない。つまり**江戸幕府設立時の朝廷は、すでに深刻な経済難で弱体化しきっていた**のである。

では、禁中並公家諸法度の目的は何なのか？　まずは広く知られているように、天皇権威のコントロールだ。天皇本人に対抗力がなくとも、その権威を他の大名が利用しないとも限らない。大坂の陣直後は伊達家や島津家など強大な大名がまだ各地にいた。征夷大将軍が朝廷の信任を裏付けとする立場である以上、天皇を利用されたら幕府は表立った反抗ができなくなる。家康は天皇と朝廷から政治的自立性を削ることで、幕政の長期安定を図ったのである。

しかし禁中並公家諸法度の制定には、まだ目的がある。それは朝廷の風紀回復だ。江戸時代初期は戦乱の空気が色濃く残り、辻斬りや暴行などの凶悪事件が多発していた。その影響は朝廷にも及

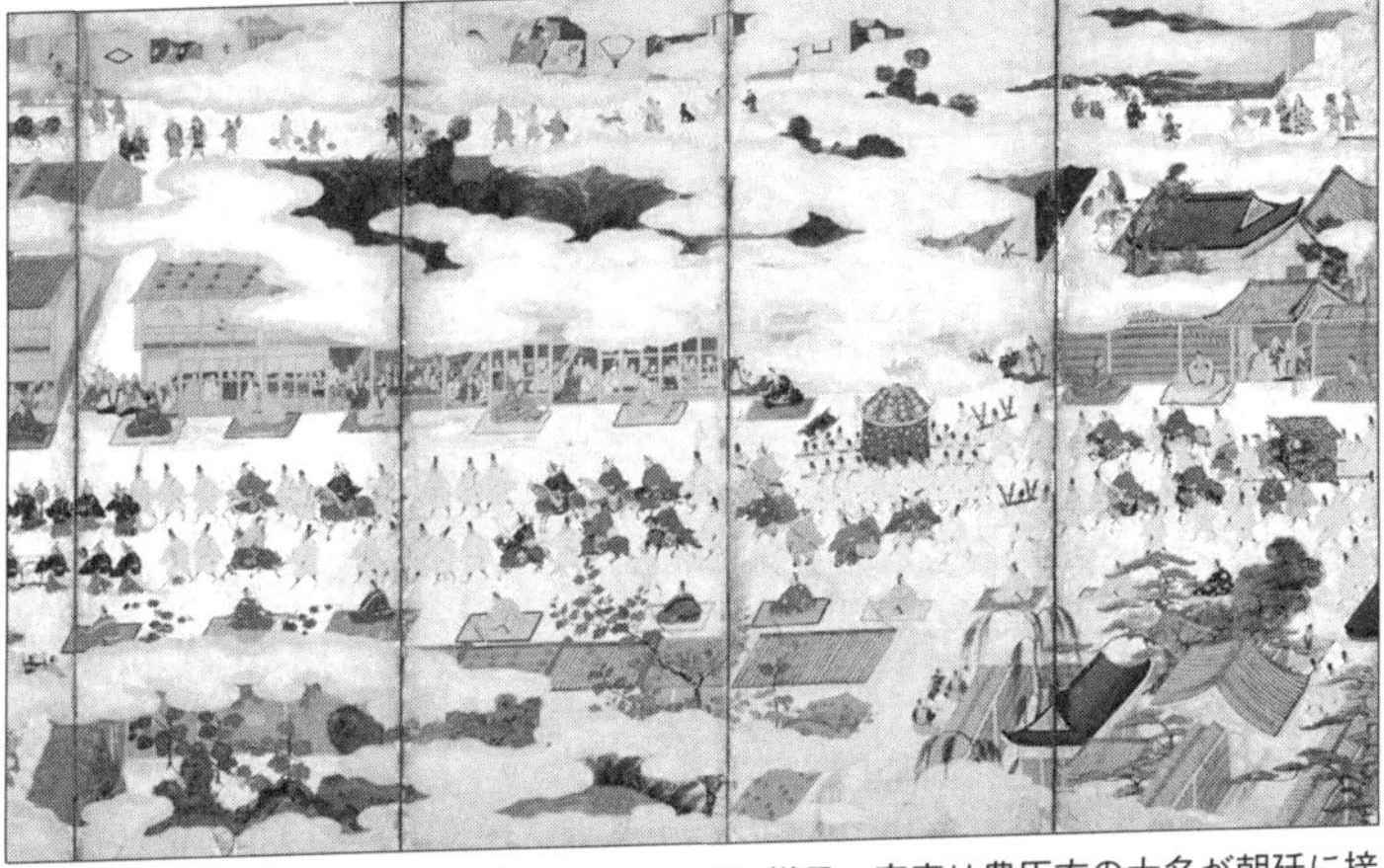

豊臣秀吉が後陽成天皇を聚楽第に招いたときの様子。家康は豊臣方の大名が朝廷に接近しないよう、天皇権威を統制しようとした（「御所参内・聚楽第行幸図屏風」部分）

び、**女官と役人の密通が横行していた**のである。

1599年には役人の久我敦通《こがあつみち》との密通疑惑で女官が出奔する事件が発生。後陽成《ごようぜい》天皇は夜間の宮中入り禁止などを定めて治安回復に努めたが効果は薄く、1609年にも女官と公家衆の乱交事件が起きてしまった。激怒した天皇は14人の関係者の死刑を望んだが、家康の提言で首謀者の猪熊教利《いのくまのりとし》と兼安備後《かねやすびんご》のみが死刑、残りは流罪や蟄居《ちっきょ》という寛大な結果に終わった。

しかしこれにより、一連の乱交事件は幕府が知るところとなり、家康は宮中への介入を強めていく。1613年に公家の在り方を示した公家諸法度が発布されたのも、当然目的は朝廷内の治安回復である。

こうして朝廷のコントロールと風紀粛清を目的に、禁中並公家諸法度は制定された。ただし、この法をもってただちに統制が強化されたわけではなく、本格的に運用されたのは3代将軍家光の時代からである。

45

大日本帝国憲法下で天皇が最高権力者だったというのはウソ

通説

日本国の主権は国民にあるが、明治時代に誕生した大日本帝国では、主権を握っていたのは天皇だった。大日本帝国憲法には「大日本帝国ハ万世一系《ばんせいいっけい》ノ天皇之《これ》ヲ統治ス」と記され、天皇は立法権や統帥権（軍の指揮権）などの大権を与えられた。まさに国家の最高権力者であり、軍部はこうした天皇の権力を利用し、次第に暴走するようになったのである。

大日本帝国憲法発布の様子（「新皇居於テ正殿憲法発布式之図」メトロポリタン美術館所蔵）

真相

天皇が大権を振るうことはほとんどなく、**実質的な権限は軍部や政府が握っていた。**その軍や政府も責任の所在があいまいな構造で、**大日本帝国には最高権力者と呼べるほど権力が集中した存在はいなかった。**

責任者なき大日本帝国

明治維新後、新政府は天皇を主軸とする国家形成を目指した。そのため大日本帝国憲法では、天皇を国家の統治者と位置付けている。

天皇は、「天皇大権」と呼ばれる数々の権利を有し、立法権から法律・予算案の承認、各種大臣の任命、外交交渉や条約締結の決定、緊急事態における勅令や戒厳令の発令権、さらには憲法改正など、途方もないほど多くの権限を有していた。中でも陸海軍の最高指揮権、いわゆる「統帥権」は、軍部の独走に悪用されたことで有名だ。

ここまで権力が集中していれば、戦前の天皇は独裁者のように振舞えたのだろうと思う人もいるかもしれない。しかし、天皇が大権で国家を主導したことはほとんどなかった。実際の政務や軍事は政府や軍部が代行していたからだ。しかも不思議なことに、これらの組織が天皇に代って責任を負うことはなく、ソ連のスターリンのように、強権を振るえる者はいなかったのだ。

現代の感覚で言えば、政治の実権は内閣トップの総理大臣が握っていることになる。しかし戦前の総理大臣は他の大臣と同列に扱われ、軍部に干渉する権限もなかった。

では、軍部が一枚岩だったかといえばそうではない。陸軍と海軍とで対抗意識があったし、陸海軍は軍の行政を担う軍政機関と、作戦指揮を担当する軍令部でわかれていた。両者をまとめる責任者はおらず、ここでも責任の所在がうやむやになっているのだ。

また、この時代には天皇の諮問機関である枢密院《すうみついん》も、政治的発言力を持っていた。内閣から独立した官僚組織で、政党への対立軸として活動を続けた。このように、**戦前には発言力の強い機関が並立しており、天皇であってもそれらを完全にコントロールすることはできなかったのだ**。

だが、天皇は何の意思表示もしなかったわけではない。開戦や重要案件には天皇の許可が必要だったし、太平洋戦争時には昭和天皇の大権により、国家滅亡の危機が回避された事例もある。

1945年5月に沖縄が陥落すると、昭和天皇は戦争継続が不可能だと悟り、降伏の意思を固め

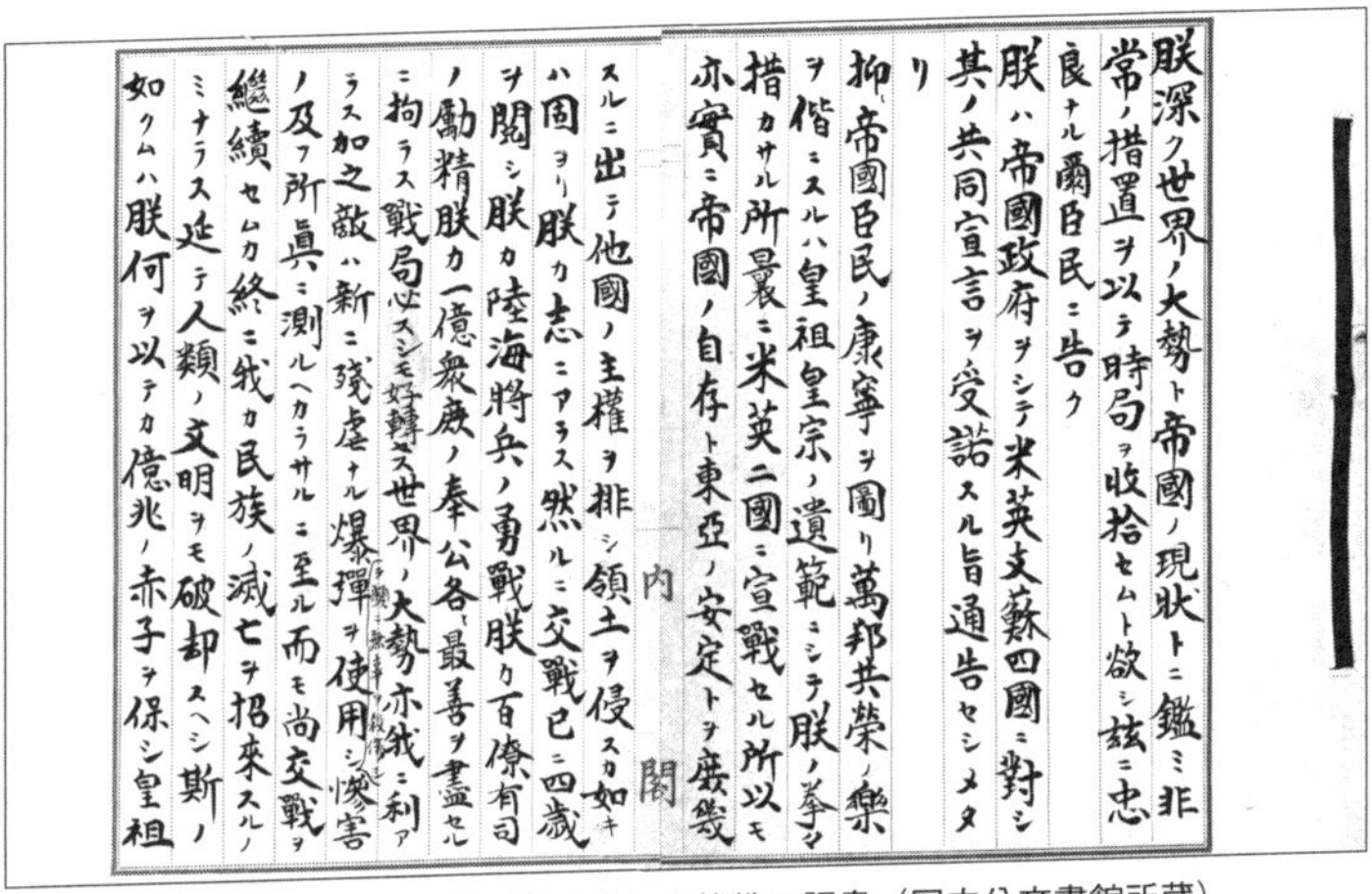
朕深ク世界ノ大勢ト帝國ノ現狀トニ鑑ミ非
常ノ措置ヲ以テ時局ヲ收拾セムト欲シ茲ニ忠
良ナル爾臣民ニ告ク
朕ハ帝國政府ヲシテ米英支蘇四國ニ對シ
其ノ共同宣言ヲ受諾スル旨通告セシメタ
リ
抑〻帝國臣民ノ康寧ヲ圖リ萬邦共榮ノ樂
ヲ偕ニスルハ皇祖皇宗ノ遺範ニシテ朕ノ拳々
措カサル所曩ニ米英二國ニ宣戰セル所以モ
亦實ニ帝國ノ自存ト東亞ノ安定トヲ庶幾
スルニ出テ他國ノ主權ヲ排シ領土ヲ侵スカ如キ
ハ固ヨリ朕カ志ニアラス然ルニ交戰已ニ四歳
ヲ閲シ朕カ陸海將兵ノ勇戰朕カ百僚有司
ノ勵精朕カ一億衆庶ノ奉公各〻最善ヲ盡セル
ニ拘ラス戰局必スシモ好轉セス世界ノ大勢亦我ニ利ア
ラス加之敵ハ新ニ殘虐ナル爆彈ヲ使用シテ頻ニ無辜ヲ殺傷シ慘害
ノ及フ所眞ニ測ルヘカラサルニ至ル而モ尚交戰ヲ
繼續セムカ終ニ我カ民族ノ滅亡ヲ招來スルノ
ミナラス延テ人類ノ文明ヲモ破却スヘシ斯ノ
如クムハ朕何ヲ以テカ億兆ノ赤子ヲ保シ皇祖
内閣

昭和天皇の決断を経て発せられた終戦の詔書（国立公文書館所蔵）

つつあった。広島・長崎へと原爆が投下され、ソ連が対日参戦したことで、政府も降伏やむなしという向きに傾いていく。しかし、一部の青年将校は本土決戦を主張しており、8月9日になっても軍部と政府で意見はまとまらなかった。

この膠着《こうちゃく》状態を打開したのが、天皇による決断だ。木戸幸一内大臣ら重臣の説得を受け、天皇はポツダム宣言受諾を決め、14日に「終戦の詔書《しょうしょ》」が発せられた。軍部は反発してクーデター事件を起こしたが、未遂に終って天皇の決断どおり、日本は無条件降伏を受け入れた。

もしも昭和天皇が大権を振るわなければ、日本が本土決戦に突入していたのは確実だろう。そうなると、どのような結果になったのか。連合軍は本土上陸作戦において150万人以上の兵力を投入し、原爆の随時投下や毒ガスの散布も想定していたという。天皇の決断によってこうした最悪の事態を避けることができたのである。

46

明治時代に女性・女系天皇に関する議論はなかったというのはウソ

通説

江戸時代以前に女性天皇の即位は度々あったが、明治政府は1889年に制定した「旧皇室典範《こうしつてんぱん》」第1条において、皇位の継承権を男系の男子のみに限定。女性天皇の即位を事実上、禁止した。戦後に「皇室典範」は改正されたが、この第1条は継承されたため、現在でも即位できるのは男系男子のみである。

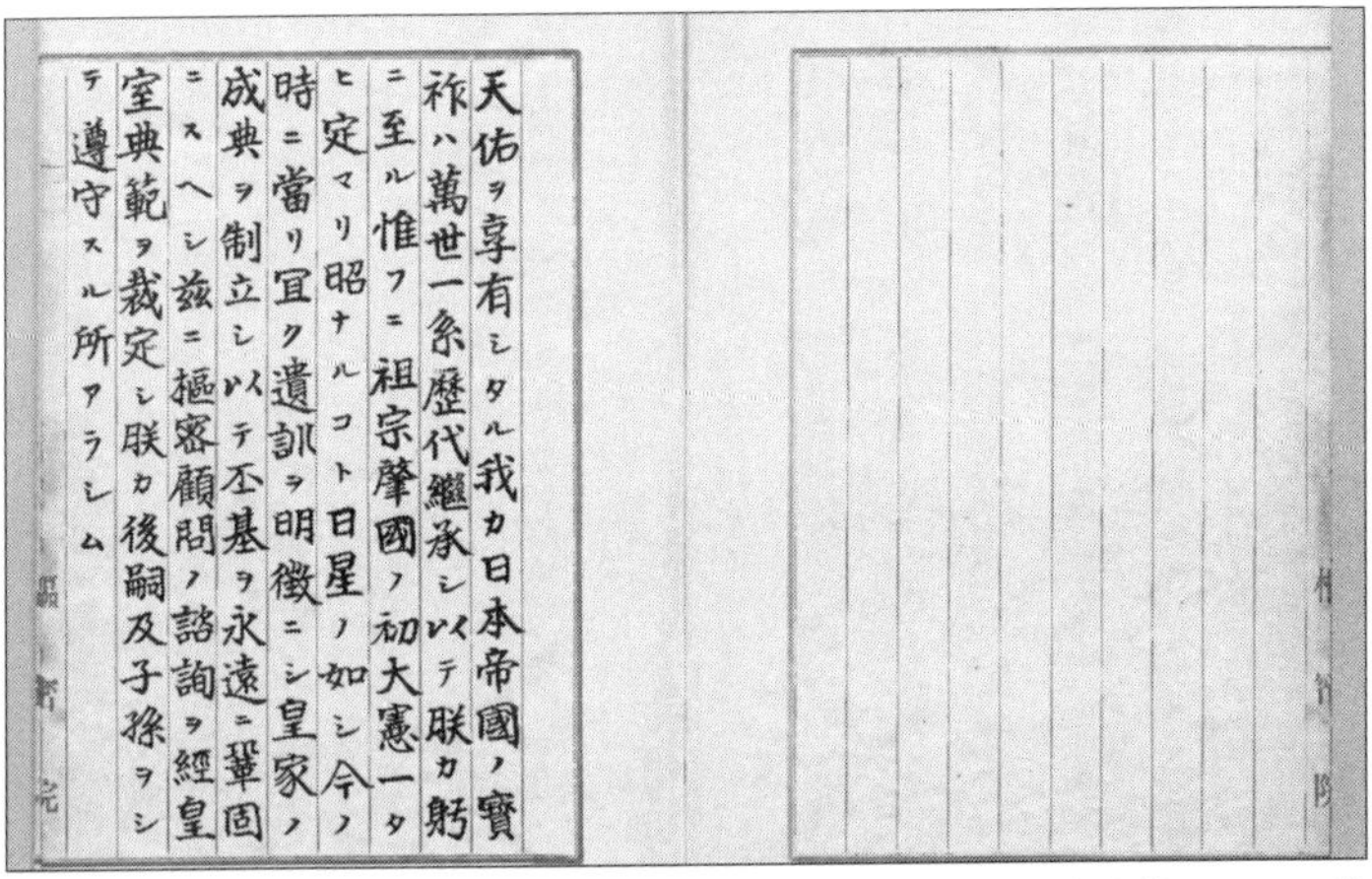

天佑ヲ享有シタル我カ日本帝國ノ寶祚ハ萬世一系歴代繼承シ以テ朕カ躬ニ至ル惟フニ祖宗肇國ノ初大憲一タヒ定マリ昭ナルコト日星ノ如シ今ノ時ニ當リ宜ク遺訓ヲ明徴ニシ皇家ノ成典ヲ制立シ以テ丕基ヲ永遠ニ鞏固ニスヘシ茲ニ樞密顧問ノ諮詢ヲ經皇室典範ヲ裁定シ朕カ後嗣及子孫ヲシテ遵守スル所アラシム

天皇の即位に関する取り決めなどを定めた旧皇室典範（アジア歴史資料センター 公開 ／ 国立公文書館所蔵）

真相

女性・女系《にょけい》天皇を認めるべきだという議論は、明治時代からあった。憲法制定運動の際には女性・女系天皇を認める草案が出され、旧皇室典範の試案にも、即位を容認する案もあった。男系断絶時の臨時手段とされたが、**女帝擁立を視野に入れた運動は、明治初期から官民の間であった**のである。

即位が検討された女性・女系天皇

同一視されることが多いが、「女性天皇」と「女系天皇」とでは意味が異なる。女性天皇は文字通りに女性の天皇だが、女系天皇とは「母方の血統から出た天皇」を指す。そのため母方の血を引いていれば、男性でも女系天皇となるわけだ。

過去の女性天皇は全員が父方の血統であり、女系ではないため、男系の系譜はつらぬかれていると言われる。歴代の女性天皇が結婚・再婚できなかったのも、女性天皇の子どもが即位した場合、男系の血筋が途絶えるからだという。こうした父方の系統で一貫された系譜から「万世一系《ばんせいいっけい》」と呼ばれるわけだ。

その価値観は明治時代に制定された法律に反映され、現在でもその規定を踏襲している。

皇室の在り方を示した旧皇室典範では、第1条で「皇位は男系の男子が継承する」旨が記された。これにより、女系だけでなく女性の皇族も、天皇を継承する権利を失ったのだ。旧皇室典範は戦後に改正されたものの、右の規定は踏襲されたため、現在でも法律上、女性・女系天皇の即位は禁止されている。皇位継承者不足に直面している昨今では、法の見直しが唱えられることもあるが、異論は多く議論は平行線のままだ。

現在以上に男性優位社会だった戦前だからこそ、そんな規定ができたのだろうと思う向きもあるだろう。確かにそれも間違っていないが、女性・女系天皇に関する議論がなかったと思うのは誤りだ。たとえば大日本帝国憲法の私案の一つである**「日本国憲按《にほんこっけんあん》」**では、継承権を男性・男系に限定せず、女帝や女系天皇擁立を認めていた。自由主義寄りの内容が問題視されて廃案となったものの、こうした案を提案できるだけの自由は、当時にもあった。

それに旧皇室典範の制定過程でも、男系に限定しない案が出されたことがある。それが1885年に宮内省（現宮内庁）の制度取調局が立案した「皇室制規」だ。

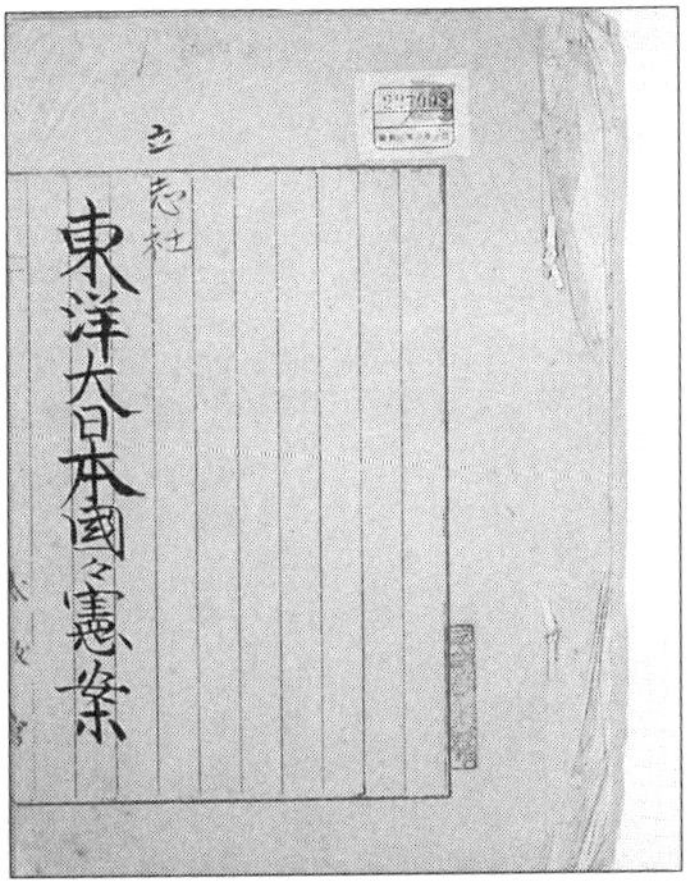

植木枝盛（左）は急進的な憲法私案である「日本国憲按」（右／国会図書館所蔵）を起草。政府に抵抗する権利なども盛り込んでいた

1880年頃から本格化した法制度の整備に伴い、宮内省も皇室制度の立案に着手した。制度作成を目指す内規取調局が設置されると総裁・岩倉具視《いわくらともみ》のもと、「皇室制規」が作成された。

皇室制規は、第1条で皇位を男系が継承するものとしつつも、**血統の断絶時には女系の継承を認めている**。男性継承者がいない場合は皇女への継承を容認し、婚姻相手は皇統に近い者と規定した。

しかし、皇室制規は激しい反発にあった。男性しか認められていなかった軍の統帥権を、天皇といえども女性が握ることに疑問が呈された他、夫が女性天皇の威を借り政治に介入することも懸念されたためだ。

その後、修正案が出されはしたが、結局は廃案となって1889年に旧皇室典範が制定された。これにより、皇位の継承権は男系の男性のみが得ることになったのである。

47

伊勢神宮は古くから皇祖神を祀る神社として栄えたというのはウソ

通説

伊勢神宮《いせじんぐう》は、皇祖神《こうそしん》アマテラスを祀《まつ》る神社として古くから信仰を集めてきた。7世紀頃より朝廷の支援で各種儀礼が整備され、鎌倉時代には神風で元軍を撃退した噂が流れて一般参拝客が急増。江戸時代には「おかげ参り」と呼ばれる伊勢神宮参拝が大ブームになるほどで、民衆にとって身近な神社となっていた。明治時代に入ると政府の厚遇で揺るぎない地位を確立したが、それ以前から皇祖神の社《やしろ》として崇敬されていたのである。

江戸時代に描かれた伊勢神宮参詣の錦絵（「伊勢参宮略図」部分／国会図書館所蔵）

真相

伊勢神宮が皇祖神の神社と信仰されたのは、明治時代からである。それまでは**農耕神を中心とした地域信仰の地**で、江戸時代まで庶民は天皇の存在すら知らなかった。

近代以降に作られた皇祖の信仰

明治維新後、新政府は天皇権威を向上させようと力を注いだ。天皇一代につき一つの元号であると定めて「天皇が統治する時代になった」と周知させ、朝廷に閉じこもっていた天皇を国民に知らしめるべく、全国行幸《ぎょうこう》を実施。憲法では天皇が国家の主権者として定められ、国民に天皇の存在感をアピールした。

ただ、天皇は権威の象徴として士族や公家には尊ばれていたが、江戸時代の民衆の間では、そうした意識は薄かった。幕末でも明治天皇を新政府の「狆《ちん》（犬）」と揶揄した狂句があり（江戸の豚　京都のちんに追出され）、京周辺を除く地域では、天皇を知らない庶民は少なくなかった。

同様のことは、伊勢神宮にも言える。現在でこそ、伊勢神宮は皇祖神・天照大神《あまてらすおおみかみ》（以下アマテラス）の鎮座する社《やしろ》として信仰を集め、江戸時代にはおかげ参りが大ブームとなっている。外宮《げくう》の神官の記録によれば、1771年の4月から8月までに約200万人が参拝したという。

だが、民衆が伊勢神宮を崇めたのは、内宮《ないくう》で皇祖神を祀るからではない。江戸時代までは神官の渡会氏《わたらい》を中心とした外宮《げくう》の方が勢力は強く、庶民の支持を集めていた。外宮は五穀豊穣の神を祀る地であり、だからこそ、農村の繁栄を祈ろうと庶民が押し寄せ、おかげ参りがブームになったのだ。

伊勢神宮は、**創建当初は朝廷とは無縁の地だった**と考えられている。創建時期は諸説あるが、5世紀から7世紀頃とする説が有力だ。それ以前から伊勢一帯には独自の信仰が広まっていたと考えられており、それが農耕神としての性格を持っていたと言われている。

歴史学者の直木孝次郎によれば、神宮のある南伊勢は東海地方との交流が深く、東国進出を狙うヤマト王権の拠点に最適の土地だった。**ヤマト王権は伊勢との結びつきを強めるなかで、皇室の信仰に伊勢信仰を取り込んでいった**という。その結果、地方神の社が最高神の神宮に変わった。このとき取り込まれた地方神が、外宮の豊受大神《とようけのおおかみ》だとされている。豊受大神はアマテラスの食事を司る神で、その後の歴史では農耕豊作の御利益があるとして尊ばれていく存在だ。

高天原での話し合い風景。奥にいるのがタカミムスビでその右隣が天照大神（十返舎一九『地神五代記』国会図書館所蔵）

それに皇祖神にしても、**もとはアマテラスとは異なる存在が崇められていた**という説も、支持されている。それこそが、**タカミムスビ**だ。「記紀」には、タカミムスビは高天原《たかまがはら》誕生と同時に生まれた三神のうちの一柱として描かれており、皇室守護の八神の一柱としても祀られている。

知名度の低いタカミムスビより、太陽神として広く知られるアマテラスのほうが統治に有利だったとする説もあるが、壬申《じんしん》の乱に勝利した大海人《おおあま》皇子（天武天皇）が体制交代を誇示するために変更したという説が有力だ。

地方信仰や最高神交代について決定的な証拠はないが、伊勢神宮が農耕神として信仰されていたのは事実である。**皇室祖神の場と認識されたのは明治時代以降**。新政府の天皇神格化政策が浸透してからなのだ。

参考文献

「新版古事記　現代語訳付き」中村啓信訳注（ＫＡＤＯＫＡＷＡ）
「現代語訳　日本書紀」福永武彦訳者（河出書房新社）
「天皇１２５代と日本の歴史」山本博文著（光文社）
「天皇の歴史１　神話から歴史へ」大津透著（講談社）
「天皇の歴史２　聖武天皇と仏都平城京」吉川真司著（講談社）
「天皇の歴史３　天皇と摂政・関白」佐々木恵介著（講談社）
「天皇の歴史４　天皇と中世の武家」河内祥輔・新田一郎著（講談社）
「天皇の歴史５　天皇と天下人」藤井譲治著（講談社）
「天皇の歴史６　江戸時代の天皇」藤田覚著（講談社）
「天皇の歴史７　明治天皇の大日本帝国」西田誠著（講談社）
「天皇の歴史９　天皇と宗教」小倉慈司・山口輝臣著（講談社）
「古代史の魅惑と危険」鈴木武樹著（亜紀書房）
「天皇陵「聖域」の歴史学」外池昇著（講談社）
「天皇陵の誕生」外池昇著（祥伝社）
「シリーズ日本古代史２　ヤマト王権」吉村武彦著（岩波書店）
「日本神話と古代国家」直木孝次郎著（講談社）
「東国から読み解く古墳時代」若狭徹著（吉川弘文館）
「古代東国と大和王権」森田悌著（新人物往来社）
「古代王権と律令国家」筧敏生著（校倉書房）
「日本古代の歴史２　飛鳥と古代国家」篠川賢著（吉川弘文館）
「謎の大王　継体天皇」水谷千秋著（文藝春秋）
「律令国家と隋唐文明」大津透著（岩波書店）
「天智朝と東アジア　唐の支配から律令国家へ」中村修也著（ＮＨＫ出版）
「平城京全史解読」大角修著（学研パブリッシング）
「平城京誕生」吉村武彦・舘野和己・林部均著（ＫＡＤＯＫＡＷＡ）
「藤原氏―権力中枢の一族―」倉本一宏著（中央公論新社）
「王朝の映像―平安時代史の研究―」角田文衛著（東京堂出版）
「平安京とその時代」山中章・朧谷壽編（思文閣出版）
「消された政治家・菅原道真」平田耿二著（文藝春秋）
「敗者の日本史３　摂関政治と菅原道真」今正秀著（吉川弘文館）
「敗者の日本史９　承久の乱と後鳥羽院」関幸彦著（吉川弘文館）
「承久の乱　日本史のターニングポイント」本郷和人著（文藝春秋）
「後醍醐天皇　南北朝動乱を彩った覇王」森茂暁著（中央公論新社）
「日本の歴史03　大王から天皇へ」熊谷公男著（講談社）
「日本の歴史２　古代国家の成立」直木孝次郎著（中央公論新社）
「日本の歴史９　南北朝の動乱」佐藤進一著（中央公論新社）
「白河法皇　中世をひらいた帝王」美川圭著（角川学芸出版）
「日本史リブレット人０２１　後三条天皇　中世の基礎を築いた君主」美川圭著（山川出版社）
「中世史研究叢書20　室町期の朝廷公事と公武関係」久水俊和著（岩田書院）
「建武中興　後醍醐天皇の理想と忠臣たちの活躍」久保田収著（明成社）
「足利尊氏」森茂暁著（ＫＡＤＯＫＡＷＡ）
「室町の覇者　足利義満　朝廷と幕府はいかに統一されたか」桃崎

有一郎著（筑摩書房）
「南北朝　日本史上初の全国的大乱の幕開け」林屋辰三郎著（朝日新聞出版）
「南朝全史　大覚寺統から後南朝へ」森茂暁著（講談社）
「信長研究の最前線　ここまでわかった「革新者」の実情」日本史史料研究会編（洋泉社）
「信長と天皇」今谷明著（講談社）
「上皇の日本史」本郷和人著（中央公論新社）
「院政　天皇と上皇の日本史」本郷恵子著（講談社）
「院政　もうひとつの天皇制」美川圭著（中央公論新社）
「後白河法皇　平家を滅亡させた黒幕」河井敦著（幻冬舎）
「平清盛と後白河院」元木泰雄著（ＫＡＤＯＫＡＷＡ）
「室町幕府崩壊」森茂暁著（ＫＡＤＯＫＡＷＡ）
「歴史群像デジタルアーカイブス　徳川家康と戦国時代　朝廷は不要か」小和田哲男著（学研パブリッシング）
「徳川家康の神格化　新たな遺言の発見」野村玄著（平凡社）
「徳川家康　その政治と文化・芸能」笠谷和比古編（宮帯出版社）
「家康研究の最前線　ここまでわかった「東照神君」の実像」日本史史料研究会監修／平野明夫編（洋泉社）
「天皇は宗教とどう向き合ってきたか」原武史著（潮出版社）
「幕末の天皇・明治の天皇」佐々木克著（講談社）
「皇族誕生」浅見雅男著（角川書店）
「皇族」広岡裕児著（中央公論新社）
「天皇陛下の全仕事」山本雅人著（講談社）
「カラー図説　天皇の祈りと宮中祭祀」久能靖著（勉誠出版）
「日本の女帝の物語」橋本治著（集英社）
「女帝の世紀　皇位継承と政争」仁藤敦史著（ＫＡＤＯＫＡＷＡ）
「女帝［飛鳥・奈良］ヒメ・ヒコ統治の史実――陰謀渦巻く古代朝廷の政局に誇り高く賢く怜悧に君臨した偉大なる六柱の女性天皇伝！」清水悟著（知玄舎）
「昭和天皇伝」伊藤之雄著（文藝春秋）
「昭和天皇と戦争」ピーター・ウエッツラー著／森山尚美訳（原書房）
「天皇・皇室を知る事典」小田部雄次著（東京堂出版）
「私の日本古代史」（下）上田正昭著（新潮社）
「蘇我氏の古代」吉村武彦著（岩波書店）
「倭国の時代」岡田英弘著（筑摩書房）
「別冊歴史読本伝記シリーズ23　古代謎の王朝と天皇」（新人物往来社）
「建築史学　第28号」（建築史学会）
「阿衡の紛議―上皇と摂政・関白―」瀧浪貞子著（京都女子大学史学研究室）

最新研究でここまでわかった

天皇家 通説のウソ

2021年1月21日第1刷

編者　日本史の謎検証委員会
制作　オフィステイクオー
発行人　山田有司
発行所　株式会社　彩図社《さいずしゃ》
〒170-0005
東京都豊島区南大塚3-24-4　MTビル
TEL 03-5985-8213　FAX 03-5985-8224
URL：https://www.saiz.co.jp
Twitter：https://twitter.com/saiz_sha
印刷所　シナノ印刷株式会社

ISBN978-4-8013-0497-0　C0021
乱丁・落丁本はお取り替えいたします。